LA POLITIQVE DV PRINCE,

OV LA CONDVITE

d'vn jeune Gentil-homme; luy enſeignant tous les Nobles Exercices conuenables à ſa Condition, pour paruenir à la Cour, & auoir les qualitez neceſſaires pour former l'honneſte Homme.

A PARIS,
Chez ESTIENNE LOYSON, au Palais, à l'entrée de la Galerie des Priſonniers, au Nom de IESVS.

M. DC. LXVIII.
AVEC PRIVILEGE DV ROY.

A SON ALTESSE ROYALE, MADAME LA PRINCESSE D'ORANGE.

ADAME,

Comme mon ouurage est vn pur effet des meditations aus-quelles ie me suis occupé dans les heures qui m'ont resté, apres auoir satisfait au deuoir de ma Charge, ie n'eusse iamais eu la hardiesse de luy faire voir le jour, si V. A. ne m'eust fait l'honneur de luy donner sa protection. L'attention que ie me suis donnée dés le premier pas que i'ay fait dans vostre Illustre Maison (où ie me considere comme vn arbre planté depuis enuiron vn an qui vous tend ses rameaux, & qui les ploye sous vos mains Royales pour vous en offrir & pour vous en laisser cueillir les premiers fruits) à examiner la conduite du petit Prince voſtre Fils, & à faire vne reflexion ſerieuſe ſur toutes ſes actions innocentes, m'en a inſpiré le deſſein, dans lequel i'ay ramaſſé toutes les matieres que i'ay crû neceſſaires pour former l'eſprit d'vn jeune Prince dans vne belle éducation. Si des actions de l'enfance on tire des iugemens pour l'aduenir, on peut dire, ſans faire le Prophete, que ſa façon commune d'agir promet des choſes fort extraordinaires. Il ne luy manque que des ſages Dire-

ćteurs qui fourniſſent vne belle matiere à ce grand feu qui ſe fait remarquer dans ſon eſprit ; ce que l'on doit ſe promettre de voſtre prudence qui éclate par tout auec vn ſi grand luſtre, qu'il ſemble que ce vous ſoit pluſtoſt vne qualité eſſentiele, & née auec V. Alteſſe, qu'vne vertu acquiſe. Le peu de rapport qu'il y a de mon ouurage auec le brillant éclat de voſtre extraction Royale, m'auroit découragé de vous l'offrir, ſi ie ne ſçauois que ie le preſente à la plus genereuſe & à la plus vertueuſe Princeſſe du mõde: Puis ayant l'honneur de luy appartenir, ie ne pouuois me diſpenſer de ce deuoir, ſans me rendre tout à fait criminel. Mais que cette neceſſité m'eſt heureuſe! puis qu'elle m'engage à faire le choix d'vne Princeſſe en qui tout eſt Royal, & dont la vertu la rend digne de dominer ſur toute la Terre. Iamais le Ciel ne fit vn aſſemblage ſi parfait, que quand il vnit vne ame ſi releuée à vn corps ſi beau, dont le rapport des deux parties vous rend la merueille de l'Uniuers, & vn chef-d'œuure de la Nature, digne de voir soûmis à ses pieds le plus fameux Heros & le plus illustre Cōquerant du monde. La France, bien informée de vostre merite, & du lustre de vostre auguste naissance, vous a receuë auec applaudissement; elle vous regarde auec admiration, & elle vous reuere comme Petite-Fille de ce Grand Henry qui a fait trembler sous ses armes les plus puissants Monarques; bref elle vous verra partir auec tous les regrets imagi-

nables ; & le Peuple qui vous regarde comme eſtant Niece de Louis le Iuſte, & la viue image de ſes vertus, eſtablira ſans doute des trophées pour voſtre gloire. Souffrez donc, Madame, que ie me gliſſe dans la trouppe de tant de braues Courtiſans qui font gloire de publier par tout voſtre vertu, bien qu'elle ſoit ſuffiſante & aſſez éclatante pour ſe faire remarquer d'elle-meſme à toute la Terre auec étonnement ; & que par la Dedicace que ie vous fais de mon Liure, i'auoüe publique-

ment que vous eſtes la Princeſſe du Monde qui meritez le plus. Mon ſage Politique eſt à la verité bien hardy de parler à ſon Prince auec beaucoup de liberté, ſans rien déguiſer de ſes ſentimens; mais il eſt à pardonner, pource que la liberté qu'il ſe donne vient d'vn cœur plein d'affection. S'il ſçauoit quelque meilleure choſe, ie réponds de ſa fidelité qu'il l'auroit produite pour plaire à V. A. R. à laquelle il ſe verra eternellement obligé de l'honneur qu'elle luy fait de ſouffrir qu'il ſe pro-

duise sous ses auspices. L'excés de ce bonheur luy inspirera sans doute de nouvelles lumieres, & plus fortes & plus vigoureuses, pour luy offrir une autre fois quelque Piece plus acheuée. Vostre Altesse Royale n'ignore pas que c'est un ordre presque infaillible dans la Nature, que les premieres productions sont ordinairement beaucoup imparfaites; mais le temps qui donne l'accroissement & la perfection à toutes choses, luy donnera le loisir de former quelque dessein qui luy soit plus agreable. Ce ſont les aſſurances que i'oſe donner de ſa part à V. A. auſquelles ie fais ſuiure le vœu inuiolable que i'ay fait d'eſtre iuſques au dernier moment de mes iours,

MADAME,

Voſtre tres-humble, tres-obeïſſant, & tres-fidele ſeruiteur,

ALCIDE DE S. MAVRICE.

PREFACE.

SI le zele que tous les peuples ont à faire des vœux au Ciel, pour qu'il leur donne vn bon Prince, est bien receu de tout le monde ; ie me dois promettre que celuy qui m'a inspiré à tracer des leçons pour le former dans vne belle éducation, ne sera pas reprouué des personnes qui sçauent que l'education est vne seconde naissance, qui influë auec plus de force & auec plus de vigueur dans la conduite de toute sa vie, que ne font pas les Cieux, ny les Astres, ausquels les Astrologues donnent vne puiſſance ſi abſoluë ſur les differentes conſtitutions de la fortune que l'homme éprouue ſur la terre. Il n'eſt point de Nation qui ne ſouhaite fort ardamment d'eſtre dominée par vne puiſſance bien reglée ; mais il y a peu de monde qui ſonge aux moyens de la rendre telle que l'on la deſire : Il eſt vray que i'aduouë que l'entrepriſe eſt fort hardie & tres-difficile à reüſſir au gré de tout vn peuple, pource qu'il n'eſt point ſi petite Harangere des Halles, qui ne voulut former le Prince que le Ciel luy donne, ſelon ſon caprice ; & vn chacun le voudroit auoir ſelon la portée de ſon eſprit, qui ſe trouue fort petite en la pluſpart des perſonnes. Si ie me donne cette liberté, c'eſt apres vne longue eſtude que i'ay faite de l'Hiſtoire de Rome, laquelle on peut dire auoir eſté l'Eſtat le plus florissant du monde, dont i'ay approprié les maximes les plus importantes à l'éducation d'vn ieune Prince, pour le former sur le plus bel exemplaire qui ait iamais paru aux yeux des hommes. Ie sçay bien que le temps & les diferents visages que les affaires d'vn Estat prennent, ne souffrent pas tousiours de se seruir des mesmes principes qui en ont affermy d'autres; mais la Politique des Romains a esté par tout si belle, & a reüssi auec tant de succez, qu'vn Prince ne hazarde rien en la voulant imiter. Si cette puissance demesurée qui s'estendoit dans toutes les parties de la terre connuë, a esté affoiblie par sa propre grandeur, & si la France, les Espagnes, l'Angleterre, & tant d'autres Souuerainetez, se sont esleuées sur les ruines de ce vaste corps, ce n'est que pource que les derniers Empereurs ont dégeneré de la generoſité de leurs predeceſ-ſeurs, & pource qu'ils ſe ſont fort é-loignez des ſages maximes dont cet Eſtat auoit eſté cimenté ſous les Roys, ſous les Conſuls, & ſous les Dictateurs qui l'ont gouuerné & augmenté auec des ſuccez admirables. Nous voyons aujourd'huy les Conqueſtes des Souuerains ſi peu conſiderables, que la guerre qu'ils ſe font les vns aux autres, ſemble pluſtoſt vn ieu où tantoſt on perd & tantoſt on gagne, que des effets d'vn genereux Monarque, dont la raiſon n'eſt autre que le peu de rapport qu'il y a des maximes du ſiecle où nous viuons auec celles des Romains. Il n'eſt point iniurieux à vn Prince de ſuiure vn bon exemple, ny de former ſa Politique & la conduite de ſes armées ſur le modele d'vn peuple ſi glorieux qu'a eſté celuy de Rome; les meſmes cauſes qui ont influé dans ſa conſeruation & dans ſon agrandiſſement peuuent aujourd'huy faire des ſemblables effets dans toutes les Monarchies. Les hommes naiſſent, viuent & meurent aujourd'huy tout de la meſme façon qu'ils faiſoient en ce temps là. Que ſi les Loix fondamentales d'vn Eſtat ne permettent pas de ſe ſeruir en toutes choſes de l'exemple des antiens Romains; c'eſt à vn Prince ou à vn ſage Miniſtre de retrancher ce qui eſt inutile ou ſuperflu, & de prendre ce qui lui doit eſtre le plus auantageux. Il doit ſçauoir faire la diſtinction des temps, des ocaſions, de la ſituation des païs, de la conſtitution des peuples qu'il a à gouuerner, & des forces de l'ennemy qu'il a à combattre; mais generalement parlant il trouuera que les maximes Romaines luy ſeront eſgalement auantageuſes dans les emplois de la Politique & dans ceux de la guerre. Aussi n'ay je choisi que les plus generales de toutes celles que l'Histoire Romaine m'a presentées, & celles que i'ay creu se pouuoir pratiquer en tout temps, pour mettre vn Prince en estat de regir auec esclat & auec gloire le peuple qui luy est commis. Ie luy enseigne à quoy il doit occuper ses premieres années; en suite ie luy donne les maximes qui le peuuent faire estimer & craindre de ses sujets, pour les dominer heureusement; & enfin ie luy descouure les poincts principaux qu'il faut obseruer dans la guerre, qui sont toutes les choses necessaires pour le former dans vne belle éducation.

ADVIS AV LECTEVR.

TRES-honoré Lecteur, bien que le dessein de mon Liure aille a former l'esprit d'vn ieune Prince qui ne se fait que montrer au monde; les maximes que i'y traitte peuuent seruir à ceux-mesmes qu'on y a veu paroistre depuis long-temps, lesquels ayant le iugement plus meur, en profiteront auec plus d'auantage. Quelque soin que i'aye pris à corriger les épreuues, il s'y est pourtant glissé beaucoup de fautes dans l'impreßion, lesquelles ie souhaiterois que vous prißiez la peine de corriger auant que de vous mettre à le lire. Ie sçay que les Esprits délicats se rebutent de la lecture d'vn Liure, pour y trouuer quelque faute qui confond le sens des periodes, ou qui empesche de connoistre auec facilité ce que l'Autheur veut dire: Mais puis que c'est vne chose faite, & qu'il n'y a plus moyen d'en oster les manquemens, il vous sera facile de les corriger, en voyant l'Errata qui est à la fin du Liure.

TABLE DES Chapitres.

LE SAGE POLITIQVE,

INSTRVISANT SON IEVNE PRINCE en toutes les choſes qui le peuuent former dans vne belle éducation.

Qu'vn Prince a beſoin d'vn Directeur.

CHAPITRE I.

PRINCE, ie n'ay iamais fait reflection ſur la naiſſance des Perſonnes d'vne éminente condition, comme vous eſtes, que ie n'aye formé des plaintes contre la Nat re, & que ie ne luy aye ſceu fort mauuais gré dequoy elle leur donne vn rang aussi esleué par dessus les autres hommes, que les intelligences le sont au dessus des substances corporelles, sans qu'elle les affranchisse de pas-vne des miseres qui accueillent tous les hommes à leur entrée dans cette vie mortelle. N'est-ce pas estonnant dequoy vn Prince vient dans le monde, sans que son entendement soit informé d'aucune science, & priué de toute sorte de connoissance, luy qui est destiné à estre le Chef pour regir tout vn Estat? dequoi il viẽt auec la volõté dépoüillée de toute sorte d'habitude morales, luy qui doit estre vn exẽple de vertu à tout vn peuple? dequoy il vient muet, luy qui doit decider les controuerses de ses sujets, par les Oracles de la Iustice que sa bouche doit rendre, & par les Arrests qu'elle doit prononcer? dequoy il vient auec des yeux qui regardent toutes choses dans la confusion, comme si elles n'en estoient qu'vne, luy qui les doit tousiours auoir ouuerts pour recompenser la vertu & punir le vice, & pour faire la distinction de ses fideles sujets d'auec les mercenaires & peu affectionnez à son seruice ou au bien de l'Estat? dequoy il vient auec vne oüye si imparfaite, qu'elle reçoit auec autant d'indiference le bruit importun de quelque tumulte, que les charmes & les agréemens d'vne delicieuse musique, luy qui les doit auoir tousiours prestes pour receuoir les remonstrances de ses sujets? Enfin on peut dire de luy qu'il a vne ame raisonnable sans raisonnement; qu'il a des yeux, & qu'il ne voit point; qu'il a des oreilles, & qu'il n'entend point; que le sort luy est rigoureux de le placer d'vn costé dans vn supresme degré hors de la portée des autres hommes, & de le rendre d'vn autre semblable aux plus abjectes personnes qui soient au monde. Sans doute que si on exposoit les enfans d'vn Roy, ou d'vn Prince, & ceux d'vn Païsant, pesle-mesle, lors qu'ils ne font que de naistre, à la veuë de tout vn monde, il ne se trouueroit pas-vne personne qui eut la veuë assez penetrante pour en faire la distinction; & quand mesme Diogene se presenteroit auec sa lanterne, ie ne sçaurois me persuader qu'il pût apperceuoir la difference de leurs conditions, puis qu'il n'y a rien qui les rende dissemblables: ils sont tous deux dans vn estat d'vne extresme misere, d'où ils ne sçauroient se releuer d'eux-mesmes, non plus le Prince que le Païsant;

& ſans le ſecours de leurs parens qui interuient pour ſoulager leur cõmune neceſſité, ils ſe verroient tous deux expoſez au peril de perdre la vie preſque au meſme temps qu'ils la reçoiuent. Ne ſemble-t'il pas qu'il y auroit de la Iuſtice, que la Nature mettant dãs la main d'vne perſõne le Gouuernemẽt d'vn peuple entier, qu'elle luy inſpirât auſſi les lumieres qui luy ſont neceſſaires pour vne ſage conduite? que paroiſſant prodigue par vn nombre preſque infiny de biensfaits & de liberalitez qu'elle luy départ dans ce meſme inſtant qu'elle luy imprime l'auguſte caractere de Prince, qu'à meſme temps elle luy imprimât des ſentimens dignes du rang qu'elle luy donne? Mais c'eſt vne cruelle, qui apres auoir produit des chef-d'œuures, elle les abandonne ſans conduite, & les expoſe à mille dangers auſquels les autres hõmes ne ſont pas ſuiets; elle forme des enfans qui ſont ſouuent les vœux de tout vn peuple, le ſouſtien d'vn Eſtat, & le deſir d'vne Nation entiere; mais en ſuite elle le commet au gré de leurs paſſions & à l'impetuoſité de leurs inclinations vitieuſes, qui ſont ordinairement & plus fortes & plus violentes en vn Prince qui ne doit point se flatter sur la noblesse de son Sang, car il l'a autant corrompu que le reste des hommes. Pour estre Prince, on n'en est pas plus parfait ny plus sage; pour auoir son extraction de quelque famille Royale ou Souueraine, on n'en est pas mieux reglé dans les actions. Mais n'imputons point tous ces inconueniens à la Nature, dont les desseins ne sont point de produire ny des Roys ny des Princes, & laquelle dans la generation de l'homme n'a point d'autre intention que d'en conseruer l'espece qui se trouue aussi entiere en la personne d'vn roturier, que dans celle qui tire son extraction de la plus Illustre famille du monde. Ce qui se peut dire en faueur d'vn Prince, c'est que les semences des Sciences estant generalement respanduës dans l'entendement, & celles des vertus dans la volonté de tous les hommes, il y a de l'apparence qu'elles sont en luy plus propres à estre cultiuées & plus fortes à produire de bons fruicts, que dans le commun; pource qu'ordinairement il tire son origine des parens qui sont bien instruits en toutes les plus belles sciences, & qui possedent toutes les vertus les plus excellentes ; &

que c'est vn ordre presque inuiolable dans la generation, que l'effet retient tousiours beaucoup de sa cause, que les forts produisent les forts, que d'vne bonne tige on en recueille des productions excellentes; & on a iamais veu qu'vne Colombe foible aye engendré des Aigles.

Mais pourtant l'experience nous fait voir que les enfans dégenerent souuent de leur pere, par le defaut d'vne bonne education; que du froment il s'en fait du seigle, mesme de l'yuroye, dont la cause n'est autre qu'vne terre mal cultiuée. Quãd vn Prince descendroit des plus grands Heros qui ayent paru dans le monde, si dans son bas âge il n'est bien esleué, on le verra dans le cours de sa vie fort dissemblable de ses Ancestres; il paroistra aux yeux de tout vn peuple comme vn ruisseau dont les eaux sont toutes troubles, bien qu'il les reçoiue d'vne claire fontaine. Diogene le Cynique disoit, qu'vn homme riche sans instruction, estoit vne Brebis reuestuë d'vne Toison d'or; & i'ose dire qu'vn Prince sans instruction, ressemble à vne de ces images toutes couuertes de pierreries, qu'on met sur les Autels des Temples, deuant qui vn peuple idolâtre va fleschir les genoux.

Puis que c'est donc vne necessité qu'vn Prince entrant dans le monde soit enuelopé dans la foiblesse commune de tous les hommes, & que pourtant il faut qu'il se fasse autant remarquer par la noblesse de ses vertus, que par celle de son sang, il n'est point d'autre remede plus efficace, que de choisir vn sage Directeur, à qui vous commettiez la conduite de vostre vie, qui vous fasse connoistre les bonnes choses pour les embrasser, & les mauuaises pour les fuir; qui vous monstre par tout la verité pour la suiure, & le mensonge ou l'erreur pour l'esuiter; qui forme vostre volonté dans les bonnes habitudes, qui respande vne claire lumiere de toutes les plus belles choses dans vostre Esprit, qui enrichisse vostre memoire de toutes les Histoires de l'antiquité; enfin qui façonne vostre ieunesse, & qui vous regle dans tous vos déportemés. Ces grands Hommes qui ont fait l'ornement des temps passez, dont les Histoires Grecques & Latines descriuent la vie & les actions, sont des productions des bons Precepteurs qu'ils ont eu pour les esleuer, sans l'aide desquels ils ne fussent iamais arriuez au poinct de vertu & de generosité qu'ils ont fait.

Que si vous me demandez de quelle sorte de personne on doit faire le choix pour veiller sur la conduite d'vn Prince, vous en verrez la peinture au Chapitre suiuant.

Quel doit estre le Directeur d'vn Prince.

CHAPITRE II.

PRINCE, i'aduoüe que dans toutes les Cours des Grands il s'y rencontre d'excellens Hommes, qui ont le raisonnement fort bon, qui sont bien faits de corps, qui possedent vn sçauoir rapportant à leur condition, qui ont esté formés dans tous les exercices qui s'enseignent dans les Academies, qui sçauent bien trousser vn compliment, se démesler parfaitement d'vn entretien, se rendre complaisans à tous les honnestes gens, & cajoller les Dames auec beaucoup d'adresse, qui est vn exercice fort ordinaire, & vne ſcience tres neceſſaire dans la Cour, où toutes les meilleures affaires ſe font par l'entremiſe des femmes : Ces qualitez ſont fort belles, & qui eſbloüiſſent ſouuent les yeux de beaucoup de monde ; mais ie ne trouue pas qu'il y en ait encore aſſez pour meriter à vn homme la charge de diriger vn Prince.

Ce n'eſt pas, Prince, qu'en voulant deſcrire les perfections que doit auoir voſtre Precepteur, ie veüille imiter Platon qui a tracé l'idée d'vne Republique imaginaire; ou Ariſtote, qui exige en vn Orateur des qualitez qui ne ſçauroient s'y rencontrer toutes à la fois ; celles que ie demande d'vn homme qui doit eſtre eſleué à la direction d'vn Prince, ſont reduites à trois Chefse Ie veux qu'il ſoit craignant Dieu, qu'il ait beaucoup de generoſité, & qu'il ſoit en poſſeſſion d'vn profond ſçauoir. La rencontre de ces trois perfections en fera naiſtre beaucoup d'autres, & ſera la ſource de toutes celles qu'on pourroit deſirer en vne perſonne qui doit eſtre deſtinée à cette charge.

Par la crainte de Dieu, ie n'entends pas ce mouuement de la volonté qui fait glacer le ſang dans nos veines, qui fait heriſſer les cheueux ſur nos teſtes; qui iette l'effroy & l'eſpouuentement dans nos cœurs, lors que nous enuiſageons la ſeuerité de la vengeance diuine; qui punit la moindre de nos iniquitez auec des peines dont l'aſpreté eſgale la durée, lors que nous penſons que les Arreſts de ce Iuge inexorable ſont irreuocables; & que s'il nous traittoit ſelon la rigueur de ſa Iuſtice, noſtre ſort ſeroit le plus miſerable de toutes les creatures du monde: mais en vous repreſentant vn homme craignant Dieu, ie veux dire qu'il ſoit orné de toutes les vertus Chreſtiennes & Morales, autant que la foibleſſe de l'homme le peut permettre, que ſa vie ſoit ſainte & irreprochable deuant les hommes, qu'il ſoit fort adonné à toutes les exercices de pieté, qu'il ſoit amateur de la Iuſtice & de la paix, qui ne ſoit point ſuiet à quelque paſſion violente ou deſreglée outre meſure; que ce ne ſoit point vn naturel bizarre ny broüillon, mais qu'il ſoit traittable & bien faiſant à tout le monde; que ce ne ſoit point vne humeur ſauuage ni trop particuliere, mais qui ſçache conuerſer auec les hommes, & qui faſſe par tout paroiſtre vn viſage ſerain &

riant; car vne humeur trop austere n'est nullement propre aupres d'vn Prince qui se trouue engagé par sa condition à traitter auec mille sortes de personnes.

La raison pourquoy ie demande que le Directeur d'vn Prince soit vn homme craignant Dieu, c'est pource que ie iuge & tres-important & tout à fait necessaire, de commencer son education, en luy imprimant des sentimens de veneration, & de respect pour Dieu; en luy enseignant de craindre celuy qui se ioüe des puissances de la terre, qui brise la teste des Roys, qui arrache le Sceptre de leurs mains, qui fait tomber bas leur Couronne, & qui dans vn moment peut renuerser tous les Estats les plus florissans du monde, & en luy representant l'obligation qu'il a d'honorer & d'aimer celuy qui l'ayant fait Prince, l'a rendu par consequent l'arbitre de la fortune de tout vn peuple, l'a placé sur la teste d'vne Nation entiere, luy a commis le Gouuernemẽt de tout vn Estat, & l'a esleué aussi haut par dessus le cõmun des hommes, que les Anges le sont au dessus de luy. Mais comment est-ce que le Precepteur d'vn Prince luy inspirera tous ces mouuemens, ſi luy meſme n'en eſt pas le premier touché? Comment le pourra-t'il former dans la crainte de Dieu, ſi luy meſme ne l'a pas grauée dans ſon cœur?

Que ſi ie deſire qu'il ſoit craignant Dieu, ie veux auſſi que ſon eſprit ne ſoit point entaché de ſuperſtition, ny de l'erreur commun de toutes les Ames baſſes qui courent aueuglément apres tout ce qui leur eſt annoncé par les Docteurs Euangeliques. Il faut à la verité receuoir tout ce qu'ils publient auec reſpect, mais en ſuite l'examiner auec prudence, & ſeparer l'artifice que la Rethorique leur enſeigne, pour perſuader ou diſſuader le peuple auec la pure verité, qui n'eſt iamais plus belle que quand elle eſt toute nuë. L'experience nous fait voir que ces Meſſieurs condamnent tous les iours dans leurs Chaires beaucoup de choſes qui ſont indifferentes, que l'on peut pratiquer ſans aucune ſorte de crime, ou ſans choquer les vertus Chreſtiennes & Morales, & qu'vn Prince ne peut pas laiſſer auec bien-ſeance, leſquelles ie n'eſpecifiray pas, pource que ce ſeroit vne choſe fort inutile. Le Precepteur donc qui doit façonner vn Prince, doit auſſi auoir des lumieres toutes pures, afin d'en produire de semblables dans celuy du Prince qu'il dirige. Il ne faut pas pourtant qu'il s'esloigne tout à fait de la façon commune des autres hommes, ny qu'il se forme vn train de vie si particulier, qu'il en deuienne ridicule ; il doit suiure la mode ordinaire en la pluspart des choses, quoy qu'elles n'ayent pas son approbation ; & il est plus seant d'aller par complaisance contre ses sentimens, que de reprouuer auec raison ce qui est receu de la plus part du monde. Par là il fera paroistre sa prudence, son adresse, sa gentillesse, son bon naturel, & sa politique, qui sont les effets d'vn homme qui a la crainte de Dieu, sans aucun meslange de superstition.

Quand on destine vn Precepteur à vn Prince, ce n'est pas seulement pour l'instruire de la voix, qui est vn foible instrument, si l'exemple ne la seconde. Si donc la plus belle de toutes les qualitez qu'vn Prince doit posseder (apres la crainte de Dieu) est dans mon sentiment la Generosité ; il s'ensuit qu'vn Directeur, sur le modele duquel vn Prince doit former sa conduite, n'en doit pas estre dépourueu. Cette Generosité ne consiste pas seulement d'auoir le cœur bien placé, d'estre d'vne humeur martiale, de ne craindre point les dangers les plus euidens, d'exposer sa vie auec autant de liberté, quand il le faut, que l'on prend de soin de la conseruer: Mais c'est vne qualité qui fait agir l'homme en toutes ses actions, mesme les plus cõmunes, d'vn certain air, & d'vne certaine grace qui le rend venerable à tout le remede, qui tient tousiours son esprit occupé dans de beaux desseins, & qui pousse sa volonté à les executer auec vne resolution ferme & constante. Quand le Precepteur d'vn Prince sera en possession de cette diuine qualité, il sera pour lors en estat de luy representer qu'il ne doit iamais rien faire de bas, & de mourir plustost, que de commettre vne lascheté; qu'il doit exercer ses largesses, ses liberalitez & ses recompenses d'vne belle maniere, sans laquelle vn don n'est iamais bien receu d'vne personne d'esprit; qu'il doit distribuer la Iustice, soit en punissant le vice, soit en recompensant la vertu, d'vne façon qui fasse voir qu'il a de l'auersion pour celuy-là, & de l'amour pour celle-cy; qu'il se doit tantost monstrer seuere sans cruauté, & tantost clement sans lascheté; que soit qu'il pardonne ou qu'il puniſſe, qu'il accorde les requeſtes de ſes ſujets, ou qu'il les refuſe, il le doit faire d'vn air touſiours releué & digne du rang qu'il tient ſur la terre. De cette Generoſité naiſſent l'adreſſe & prudence d'vn Prince à ſçauoir contenter ſes Courtiſans & ſon peuple; la bonne grace en toutes ſes actions, qui le rend l'amour de ſes ſujets, & la terreur de ſes ennemis; vne bonne conſtitution, qui produira des actions qu'on ne ſçauroit accuſer de laſcheté, ny ſoupçonner de felonnie; vne force d'eſprit qui ne s'eſleue pas par trop dans la proſperité, & qui ne s'abbat pas tout à fait dans l'aduerſité; qui reçoit d'vn meſme viſage les diſgraces & les preſens de la Fortune; qui ne ſe rend point ny à ſes careſſes, ny à ſes rebus; qui ſe rit de la ſeuerité & de la douceur du deſtin; à qui le ſort, quel train qu'il tienne, eſt fort indifferent; & enfin qui ſe conduit dans les exercices meſme de la Religion d'vne façon qui ne va point dans la ſuperſtition des ames baſſes, ny dans l'impieté des libertins du ſiecle.

Que le Precepteur d'vn Prince doiue eſtre ſçauant, il n'eſt perſonne à mon aduis qui ſoit perſuadé du contraire, puis qu'vn homme ignorant est vn aueugle qui a besoin luy-mesme de direction, & à qui on ne sçauroit auec raison fier la conduite de qui que ce soit, & par consequent encore bien moins celle d'vn Prince, pour l'éducation duquel on ne doit rien espargner : que s'il est conduit par vn homme sans lumiere & sans sçauoir, ils tomberont tous deux dans vn labirinthe d'où ils ne sçauroient se desbarrasser: & c'est vne cruauté aux personnes à qui il appartient de pouruoir à son éducation, de la cómettre à vn ignorant qui ne sçauroit que luy nuire. Ce sçauoir que i'exige de son Precepteur, n'est pas vn sçauoir Pedantesque; ie veux qu'il soit espuré de cette rudesse scolastique qui le rend le plus souuent ridicule & importun; il faut que ce soit vne science gentille & accommodée à la façon commune d'agir, point reuesche, point dédaigneuse, mais belle & gratieuse. Les Muses n'ont que des charmes pour ceux qui les sçauent traitter gratieusement; & c'est leur faire vne grande injure, que de leur donner vn visage seuere, puis qu'ils sont tousiours riant. Quand ie considere ces trongnes dans les Academies, qui n'ont rien qui ne soit affreux sur leur visage,

visage, vn regard seuere, les yeux enfoncez dans la teste, le front ridé, le col cousu à leurs espaules, les cheueux herissez & poudrez de la poussiere d'vne Classe; ie les enuisage comme des auortons des Muses, & non pas comme des legitimes productions. Cette sorte de personnes ne sont nullement propres dans les Cours des Princes, quelques sciences qu'ils puissent auoir; & il en faut choisir vne qui en ait autant que celles-là, mais qui en sçache mieux vser; qui soit sçauãt & courtisan, qui ait bien leu l'Histoire, la Politique, la Morale, & toutes les autres sciences naturelles, qui n'ait rien en son entretien qui ne soit charmant & vtile, sãs pourtãt faire parade de ce qu'il sçait, mais qu'il en vse auec discretiõ & modestie. C'est sur l'exemple de ces sortes de personnes, Prince, que vous deuez regler tout le cours de vostre vie; & quand le Ciel vous aura pourueu d'vn Precepteur orné des qualitez que ie viens de descrire, benissez le de vous auoir commis sous vne conduite de laquelle vous deuez vous prometre vn heureux succez dans toutes vos entreprises, vn sage conseil dans vos deliberations, & vn remede tousiours present à toutes les inquietudes qui peuuent vous arriuer. Si vostre Precepteur a la crainte de Dieu, il vous inspirera des pensées pour le Ciel; s'il est genereux, il vous sollicitera à des actions releuées, & ne souffrira rien de bas en vous; s'il est sçauant, il vous sera vne belle lumiere qui vous esclairera par tout, & qui dissipera les nuages & les erreurs qui ont accoustumé de s'emparer de l'esprit d'vn ieune Prince, qu'il seroit necessaire de rendre amateur du commerce des Hommes Sages.

Qu'vn Prince doit estre amateur des Hommes Sages.

CHAPITRE III.

PRINCE, de la legereté de l'esprit humain, de la propention naturelle que la volonté de l'homme a au vice, & du danger euident qu'il y a que le naturel d'vn Prince, pour bon qu'il puisse estre, ne soit corrompu par tant de Courtisans flateurs qui formillent dans les Cours, naist la necessité qu'il frequente les Hommes ſages de qui il puiſſe receuoir de bons conſeils, & qui luy inſpirent de genereux & de iuſtes ſentimens pour ſe regler ſoy-meſme, pour regir ſa famille, & pour gouuerner ſon Eſtat. Prince, les Anciens ont eu tant de veneration pour les ſages, que dans la Gréce & dans Rome on auoit accouſtumé de leur dreſſer des ſtatuës pour faire hommage à leur vertu & à leur merite. Les Roys, les Monarques, & les Princes les plus Illuſtres ſe ſont reglez par le conſeil des ſages dont ils adoroient les ſentimens comme des Oracles. Le grand Alexandre a abaiſſé ſa teſte couronnée de mille lauriers ſous les enſeignemens d'Ariſtote. Theſeus fut façonné par Connidas, à l'honneur duquel les Atheniens ont inſtitué des ſacrifices ſolemnels; le Religieux Numa Pompilius fut intime & familier amy du Philoſophe Pithagoras; Pericles fut conduit par Damon qui a eſté vn des grands Politiques de ſon ſiecle; Alcibiades n'a eſté retiré des deſbauches où il s'eſtoit abandonné dés ſa ieuneſſe, que par la frequentation de Socrates; Pelopidas qui tiroit ſon extraction des plus nobles familles de Thebes, s'eſt formé vn naturel le plus genereux, le plus magnifique & le plus liberal qui fut de ſon temps, par l'exemple d'Epaminondas; & il ſuffit de conſulter les Hiſtoires pour connoiſtre quel proffit & quelle vtilité ont apporté les hommes ſages aux Eſtats, & aux Republiques. Le ſiecle d'or fut ſous Saturne, amateur de la Sageſſe & de la contemplation, qui eſt l'exercice le plus familier & le plus charmant du Sage, dans lequel il forme ſes genereux deſſeins, il puiſe ſes conſeils, il regle ſes entrepriſes, & ordonne de tous les moyens qui ſont neceſſaires au ſuccez d'vne affaire importante. L'vn des plus conſiderables ſoulagements que puiſſe receuoir vn Prince, eſt d'auoir des hommes prudens ſur qui il puiſſe ſe repoſer du Gouuernement de ſon Eſtat, qui veillent quand il dort, pour ſa conſeruation & pour celle de ſes ſujets, qui faſſent fleurir la Iuſtice dans vn temps où on la voit fletrie d'vn eſtrange façon par la ſageſſe de leurs conſeils, qui doiuent touſiours tendre à l'agrandiſſement de leur Prince, & à la protection de ſon peuple. Quel auantage & quel plaiſir ne reçoit-il pas, de voir autour de luy des hommes qui le fortifient lors qu'il ſe trouue comme accablé ſous le peſant fardeau du maniement des affaires de ſon Eſtat, qui l'affermiſſent dans ſes irreſolutions, qui releuent ſes eſperances abbatuës, & qui luy inſpirent aſſez de force pour agir vigoureuſement en tout ce qu'il entreprendra? Puis que les ſages ſont rares, & que le nombre des fols eſt infiny, n'eſt-ce pas vn treſor bien pretieux à vn Prince, que d'en poſſeder pluſieurs dont les conſeils & les lumieres luy ſoit vn Phare pour l'eſclairer dans ſa conduite, & pour auoir vne bonne iſſuë dans tous ſes deſſeins?

Prince, ſçachez que dés le moment qu'vne perſonne de voſtre condition entre dans le monde, il ſe trouue vn million de Courtiſans qui ſe preparent pour vous ſçauoir bien faire la Cour en ſon temps; & quand vous commencez d'auoir quelque lumiere & quelque connoiſſance raiſonnable, ils font à l'enuie à qui ſçaura mieux vous flatter, & vous complaire; fut-ce dans des ſentimens les plus deſreglez & les moins raiſonnables. Ha, Prince! que dans cët eſtat d'vne tendre ieuneſſe, d'vn âge ſuſceptible de toutes ſortes d'impreſſions, le ſecours des hommes ſages vous eſt neceſfaire, qui vous débarrassent des pieges où vous vous precipiterez par la persuasion des personnes qui cherissent mieux leurs propres interests que les vostres, ny ceux de vostre peuple.

S'il arriue quelque pressante necessité dans l'Estat, qui oblige le Prince à mettre des impositions sur son peuple, il n'est rien qui luy puisse faire porter ce fardeau auec douceur, que quand il sçait que le Prince se conduit par les conseils de personnes sages qui ne font rien temerairement, & qui espousent les interests de l'Estat auec plus d'ardeur que les leurs propres. Tout ce qui part d'vne conduite sage est agreable & bien receu des plus grossiers mesmes, qui admirent & qui appreuuent és autres ce qu'ils ne possedent pas eux-mesmes, fut-ce la chose la plus rude, & la plus dure du monde. Vn peuple qui se voit gouuerné par des sages conseils, s'y soûmet aueuglément, & les reçoit auec patience, esperant que le temps donnera quelque relasche à ses peines, & que les hommes sages qui veillent tousiours pour son repos auront l'adresse de le soulager quand l'occasion le permettra. Le commerce des hommes est contagieux aux personnes qui ne font que se monstrer au monde, dépourueus d'experience & de conduite; vn bas âge se forme à l'exemple de ceux qui sont autour de luy; auec les bons on deuient bon; auec les sages on deuient sage; & on se corrompt tres-facilement auec les libertins, qui cherchent incessamment des compagnons, pour authoriser leurs desbauches, lesquelles ils ont accoustumé de iustifier par le nombre de personnes qu'ils entraisnent auec eux.

S'il n'y a rien de si auantageux à vn Prince, que de cherir les hommes sages & sçauans, il n'est chose qui luy soit plus preiudiciable que de se monstrer contraire à eux, ou de les choquer ouuertement. Minos Roy de Candie flestrit estrangement sa reputation pour auoir choqué Athenes, où l'Eloquéce & la Sagesse fleurissoit: quelque tesmoignage que Hesiodus, qui l'appelle tres-digne Roy, ait rendu de sa vertu; & quelques Eloges que Homere, qui le fait amy familier de Iupiter, luy ait donné, les theatres d'Athenes l'ont emportê, & ont plus terni sa renommée, que tous les autres ne l'ont esleuée. La plume d'vn sage & êloquent personnage est vn instrument à apprehender, qui peut nuire en vn moment plus que le tesmoignage de tout vn peuple ne peut profiter à la recommandation d'vn Prince, qui se rendant amateur des sages, il se fera en mesme temps amoureux de la contemplation des choses diuines.

Qu'vn Prince doit sçauoir la Theologie.

CHAPITRE IV.

PRINCE, c'est vne obligation commune à tous les hommes, de rapporte leurs actions à Dieu, comme à leur derniere fin, pour qu'elles soient bonnes; car à moins de cela elles sont vitiées, & cette obligation generale qui embrasse toute la masse des hommes, se rend particuliere en vous, qui estes l'image de celuy qui a imprimé sur vostre front le caractere de Prince; mais il n'est pas possible que vous vous acquitiez de ce deuoir, si vous ignorez la Theologie, qui est la science de Dieu, laquelle vous monstre à le connoiſtre, & vous enſeigne comment il faut l'aimer ; c'eſt elle qui Chriſtianiſe toutes les actions humaines, qui rend les plus baſſes tres illuſtres, & qui propoſe des Courõnes immortelles à la moindre & à la plus vile. Fuſſiez-vous le plus grand Conquerant du mõde, quand vos victoires eſgaleroient celles d'vn Hercules, d'vn Alexandre, ou bien celle de Rome meſme, ſi vos exploits ne ſont conduits ſelon la regle de cette diuine ſcience, ils n'auront qu'vne apparence de bonté deuant les hommes, & ſeront reprouués deuant Dieu. I'admire tous les iours la vertu des Romains, & la ſageſſe des Grecs ; mais ie déplore leur malheur, en ce que leurs actions les plus illuſtres n'ont eſté que des pechez abominables deuant Dieu, qu'ils n'ont iamais connu comme il faut, pour eſtre ignorans de la ſainte Theologie.

Lors que la naiſſance ne faiſoit pas les Princes, mais que la vertu & le merite en eſtoient les artiſans, les Roys eſtoient choiſis d'entre les Preſtres qui eſtoient les depoſitaires des ſecrets & des miſteres de Dieu; iugeant ceux-là qui connoiſſoient ſa Nature, ſa Prouidence, & ſa conduite, au niueau de laquelle il faut regler les affaires d'vn Estat, plus capables d'exercer vne charge si releuée.

Puis que les Princes sont les Lieutenans de Dieu sur la terre, que leur puissance est ordonnée de luy, & que leur authorité est emanée du Ciel, il est de leur deuoir de suiure les mouuemens de sa volonté, d'executer ses ordres, & de se regler sur sa conduite; ce qu'il n'est pas possible de faire, s'ils ne sont informez de la Theologie qui leur apprend toutes ces belles leçons, qui leur donne l'entrée dans les cõseils de Dieu, qui leur descouure les secrets de la Prouidence, & sa conduite dans la creation & dans la conseruation des Creatures. Cette science aduertit vn Prince de l'amour & de la protection qu'il doit à son peuple; elle l'informe de la façon qu'il doit administrer la Iustice à ses sujets; elle luy enseigne à pardonner & à punir, à estre seuere & clement, & enfin elle luy donne les formes d'vn legitime gouuernement. Tout ce que la Politique humaine a de bõ, & tout le secours qu'elle peut prester à vn Prince dans le gouuernement des affaires, est fautif; mais les maximes de la Theologie, qui est vne science inspirée du

Ciel, & dont la verité est appuyée sur la reuelation diuine qui est tousiours infaillible, ne trompent iamais; les hommes les plus sages & les mieux esclairez, sont suiets à de grands erreurs, & toutes leurs lumieres sont fautiues: mais celles que nous empruntons de la Theologie sont toutes pures, & n'éclipsent iamais. Tous les enseignemens qu'elle nous donne sont des Oracles de la premiere verité, desquels il ne nous est pas permis de douter: toutes les resolutions qu'elle forme se doiuent receuoir aueuglément; & il n'est rien de plus agreable que d'agir selon les regles qu'elle nous prescrit, puis qu'elles sont tousiours infaillibles.

Les Axiomes de la Philosophie ne sont pas en tout hors de contestation; les Aphorismes de la Medecine sont fautifs en beaucoup de choses; les Theoremes de la Geometrie ne sont pas tousiours bien esclaircis; les Predictions de l'Astrologie, de la Geomance, de la Phisionomie, & de la Chyromance, ne sont pas infaillibles; les décisions du Droict ne sont pas esgalement receuës de tous les peuples; les responces des Sages ne sont pas approuuées de toutes sortes de Natiõs; & il n'est point de science dont les conclusions soient si assurées, que celles de la Theologie : aussi les faut-il considerer toutes, soit Philosophie Naturelle, soit Morale, soit Mathematique, soit Politique, comme les seruantes de celle-cy, qui seule est la maistresse des autres, à qui elles doiuent hommage ; lesquelles pourtant vn Prince ne doit pas ignorer.

Qu'vn Prince doit estre informé de la Philosophie.

CHAPITRE V.

PRINCE, de l'estime qu'on a tousiours fait des Philosophes, inferez l'excellence de la Philosophie, & de son excellence iugez la necessité qu'il y a que vous en soyez informé. La Philosophie estoit anciennement l'entrée à la Royauté ; c'estoit la premiere marche pour monter sur le throsne ; d'autant que comme les Roys estoient choisis d'entre les Prestres, aussi ceux-cy estoient ils pris d'entre les Philosophes. Cette grande multitude de Sectes qui ont couru auec tant d'ardeur apres cette sciẽce, iusques à se despoüiller de tous leurs biens, pour y vacquer auec plus de repos, nous persuadent euidemment quelle approbation elle auoit parmy les grands Hommes. I'auouë qu'elle a esté beaucoup corrompuë par le meslange d'vne infinité d'opinions differentes que les Esprits qui se sont meslez de philosopher ont introduit, les vns pour faire voir la gentillesse de leur sçauoir, les autres pour en faire connoistre la profondeur; les vns pour auoir la gloire d'estre les premiers inuenteurs d'vne proposition nouuelle, les autres pour ne vouloir pas suiure celles qui estoient desia trop communes; & enfin tous par vne pure vanité. Mais du depuis il s'est trouué des esprits assez perçans qui ont releué la Philosophie de ce cahos, où elle estoit enseuelie, qui l'ont espurée de cent choses inutiles, & l'ont renfermée dans des limites plus étroites qu'elle n'estoit antiennemẽt. On en fait ordinairement trois parties; sçauoir, la Logique, la Phisique, & la Metaphisique, & toutes trois ensemble sont le trauail d'enuiron vne année.

La Logique, Prince, eſt vne ſcience qui regle les operations de noſtre entendement, & qui nous monſtre vne forme infaillible de raiſonner. Les hommes ayant obſerué par vne longue experience, qu'ils commettoient beaucoup d'erreurs dans leurs raiſonnemens, & que leurs conſequences eſtoient fautiues. Ils ſe ſont formez à la ſuite du temps, des regles & des preceptes, par leſquels l'entendement ſe peut conduire infailliblement dans la recherche de la verité, ils ont veu que cent choſes qui auoient quelque aparence de verité eſtoient pleines d'erreurs, & qu'ils auoient de la peine de ſe deſbarraſſer des Argumens captieux des Sophiſtes ; c'eſt pourquoy ils ont tant trauaillé, qu'enfin ils ont deſcouuert ce qui eſtoit neceſſaire à vn parfait raiſonnement, & en ont formé des Preceptes qui nous monſtrent la verité, ou la fauſſeté d'vne conſequence, qui nous enſeignent comment vn Argument ſe doit baſtir, de quelle façon doiuent eſtre rangez les premices dans vn Sillogiſme, & quel rapport ou quelle liaiſon il y doit auoir entre l'antecedent & le conſequent.

Iugez, Prince, de quelle conſequence il

eſt que vous n'ignoriez pas cette ſcience, qui purge l'erreur de l'eſprit, qui reſpand des lumieres toutes pures dans l'entendement, & qui nous ſert de Bouclier pour parer aux efforts que le menſonge fait ordinairement ſur nous. Puis dōc qu'vn Prince eſt le Chef d'vn Eſtat, il n'eſt nullement ſeant qu'il ignore vne ſcience qui regle les fonctions des Puiſſances qui ont leur ſiege dans la teſte.

La Phyſique, Prince, eſt la ſcience des choſes naturelles; elle nous promene dans l'eſtenduë de tout ce qui ſouffre de l'alteration, & qui ſe trouue composé de matiere & de forme; tantoſt elle nous precipite dans les abyſmes de l'Ocean, pour nous y faire voir la cauſe de ſon flux, & reflux; tantoſt elle nous eſleue iuſques dans les nuës, pour nous informer de la façon que les Metheores, la neige, la greſle & la pluye, ſe forment; par quel moyen ſe fait ce grand tintamarre au deſſus de nos teſtes, qui ſe rend effroyable aux ames les plus genereuſes : de plus elle nous conduit dans les entrailles de la terre, où elle nous fait enuiſager la diuerſité de tant de minereaux qui y ſont produits, la cauſe de ſes émotions, la ſource des eaux boüillantes, le foyer du feu que le Mont Ethna, le Vesuue, & tant d'autres, vomissent incessamment : elle nous donne l'entrée dans la grote d'Eolus, pour nous y faire voir de quelle façon il souffle les vents, tantost auec douceur, & tantost auec impetuosité, selon la constitution de son poulmon : elle nous enseigne comment les choses inanimées se grossissent, comment les vegetatiues s'accroissent, comment les formes sont escloses dans le sein de la matiere ; la diference qu'il y a entre la raison des bestes, & celle de l'homme, dont elle nous fait vne description si parfaite, qu'elle n'oublie pas vne de ses puissances sans nous la faire connoistre.

Ces gens-là ne sont-ils pas dignes de compassion, qui mangent & boiuent sans sçauoir comment les alimens se conuertissent en la substance du corps viuant? qui dorment sans connoistre la cause du sommeil? qui se promenent sans estre informez de celle du mouuement ? qui engendrent sans sçauoir comment se fait la generation? & qui font toutes les actions naturelles par la seule impetuosité de la Nature? Ne seroit-ce pas vne chose honteuse, qu'vn Prince

Prince qui est esleué sur la teste de tant d'hommes, fut rabaissé à la condition de ceux-cy par l'ignorance de la Physique.

La Metaphysique, Prince, est vne science encore plus generale que la Physique, elle s'estend sur tout ce qui a l'estre, & il n'est rien qui ne soit soûmis à ses speculations, qui sont toutes pures, sans aucun mêlange de matiere; c'est la science des belles ames & des grands Esprits qui prennent leurs delices à considerer les choses dans la pureté, & hors la contagion de la matiere. Vn Esprit qui est informé de la Metaphysique se rend vniuersel, il connoist tout, il sçait distinguer chaque chose selon la noblesse de son estre, il les sçait placer chacune en son lieu, & il leur donne le rang qu'elles meritent. Aduoüez donc, Prince, que l'excellence de la Metaphysique, conuient tres-bien à la noblesse de vostre extraction, & à l'eminence de vostre caractere, laquelle vous donnera l'entrée à la Morale.

Qu'vn Prince doit estre instruit dans la Morale.

CHAPITRE VI.

PRINCE, i'aduouë que comme nous auons les semences de toutes les sciences dans nostre esprit, aussi possedons nous celle de toutes les vertus dans la volonté; mais c'est auec si peu de vigueur, & si imparfaitement, qu'à moins de faire des efforts continuels sur la pente naturelle qu'elle a de se porter au mal, & de trauailler incessamment pour acquerir les habitudes Morales qui la redressent, il n'est malheur où elle ne se precipite aueuglément; c'est vne Megere qui s'abandonne au gré de ses passions, c'est vne furie qui nous trauaille sans relasche, & vn Hydre qui pousse autant de mauuaises inclinations que nous en étouffons: cette maistresse puissance par qui toutes les autres sont meuës, à qui elle impose ses loix, sur qui elle domine, & qu'elle deuroit rãger aux termes de la raisõ, a si peu de force en elle méme, que sãs le secours des vertus Morales, elle met la confusion dans nostre esprit, & respand le desordre generalement par tout au dedans de nous.

Mais les rauages & les dégats qu'elle fait dans vn Prince, sont bien plus grands & plus considérables que tous ceux que ie viens de décrire; c'est là qu'elle se rẽd insolẽte au dernier poinct; elle deuiẽt furieuse & enragée, lors qu'elle se voit souueraine & indépendante; elle ne reconnoist point les loix, puis que c'est elle qui les impose; elle se ioüe des peuples sur qui elle a vn pouuoir absolu; elle s'oublie de l'amour & de la protection qu'elle leur doit; ses delices ne sont qu'à suiure ses mouuemens flateurs & corrompus, qui ressemblent à ces torrens que les plus fortes digues ne sçauroient arrester; elle croit que tout luy est licite, puis qu'elle peut tout; & qu'il n'y a point d'autre regle par qui elle se doiue conduire, que sa propre inclination qu'elle a accoustumé de iustifier par le pouuoir qu'elle a de faire tout ce qu'il luy plaist. C'est le iargon des Princes mal conditionnez, de dire, Tout m'est permis; puis que ie peux tout, mon indépendãce me met hors le reproche des hommes qui sont obligez à receuoir auec soûmission tout ce qui leur est imposé de ma part : il n'est personne qui puisse me faire la loy, mais c'est moy-mesme qui la dois donner à tout le monde ; mes sujets doiuent auoir des yeux pour m'admirer, des oreilles pour receuoir mes ordres, vne bouche pour publier ma grandeur, mais point de langue pour censurer mes actions. Ha, Prince ! que c'est vn grand malheur à vn peuple qui se voit dominé par des personnes qui se laissent gourmander à leurs propres passions, qui se voit commandé par vn homme sur qui la corruption de la volonté a vn plein pouuoir, qui se voit soûmis à l'empire de celuy qui se laisse maistriser par l'impetuosité de ses mauuaises inclinations ! & il n'est pas possible qu'il conçoiue de l'amour pour vn Prince si lasche, il ne peut en auoir que de l'auersion, il ne souhaitte plus sa prosperité ny son auancement, il ne fait plus de vœux pour sa conseruation, il n'importune plus le Ciel pour luy départir ses benedictions, il l'abandonne à la conduite du sort & du destin, sans prédre aucune part dans ses disgraces ny dans ses interests : s'il obeït, c'est auec contrainte & sans amour; les commandemens de son Prince les plus raisonnables luy semblent tous pleins d'iniustice; il ferme les yeux pour ne voir pas s'il y a quelque reste de bonté en luy; & il deuient vn Argus pour ne laisser pas eschapper à sa veuë le moindre de tous ses deffauts; ses conquestes ne luy sont plus en consideration, il les attribuë plustost au caprice du sort, qu'à son adresse; il les enuisage comme des effets du hazart, & non pas comme des fruits de sa generosité ny de sa conduite.

Il faut donc, Prince, pour ne tomber pas dans tous les inconueniens que ie viens de descrire, que vous preniez le soin de vous faire instruire dans les vertus Morales, à qui la Noblesse de vostre rang & de vostre condition donneront vn lustre admirable; car la rencontre d'vne illustre naissance, & des perfections que la Morale enseigne, est vn assemblage de beauté qui rauit les yeux de tout le monde: cette science vous apprend à estre Iuste, Prudent, Genereux, Temperant, Modeste, Magnifique, Liberal; & vous formera dans l'exercice de toutes les bonnes qualitez qui vous sont necessaires pour vous faire cherir & craindre de tous vos sujets. Quand vn peuple vous verra Iuste, il s'animera à produire de belles actions dont il attend la recompense; il aura peur d'en commettre des lasches, dont il voit la punition toute preparée: quand il vous verra Liberal, il s'estudiera à vous obliger en toutes choses; s'il vous voit Genereux, il aura des sentimens dignes de vostre personne, il adorera vos decrets, il accompagnera de mille vœux toutes vos entreprises: quand il verra que vous aurez de l'amour pour luy, il exposera tres-volontiers sa vie & ses biens pour vostre personne, & de vos interests, & des siens il n'en fera qu'vn; les Places publiques, & les Carrefours de toutes vos Villes, feront retentir hautement vos loüanges; vous seruirez d'vn charmant entretien à vne nation entiere, & vous ferez toute sa ioye; les ieux publics, les theatres dressez pour y publier vos Eloges, & les réioüissances communes, vous seront vn tesmoignage éuident du contentement que reçoiuent vos peuples de posseder vn Prince si acheué, & du plaisir qu'ils ont d'estre gouuernez par vne personne dont ils croyent la conduite iuste & raisonnable, parce qu'elle eſt reglée par la Morale, qui eſt la ſcience à qui il appartient de vous mettre dans le chemin de la vertu, qui eſt le moyen le plus efficace pour nous faire dominer auec ſuccez ſur vos ſujets, & laquelle ayant donné le calme à voſtre eſprit, luy facilitera l'entrée aux ſpeculations de la Mathematique.

Qu'vn Prince doit poſſeder les Mathematiques.

CHAPITRE VII.

PRINCE, toutes les parties de la Mathematique ſont fort agreables, mais elles ne ſont pas eſgalement neceſſaires: celles qui dans mon ſentiment paſſent pour les plus vtiles à vn Prince, ſont l'Arithmetique, l'Aſtrologie, la Geographie, & la Geometrie, à laquelle il faut faire ſuiure la Fortification.

La ſcience des nombres eſt la premiere que vous deuez mettre en pratique, pource qu'elle eſt la porte pour entrer dans toutes les autres qui ſe ſeruent ordinairement de celle-cy dans leurs operations les plus importantes; elle enſeigne à adiouſter les ſommes, à les ſouſtraire, à les multiplier, & à les diuiſer; elle dône les regles pour en extraire les racines quarrees & cubes, mais auec vne ſi grande exactitude, qu'vn ſeul zero mal placé gaſte toute l'operation. Cette ſcience eſt fort delicate à manier; & quoy qu'elle ne côſiſte que dans vne côfuſion de nôbres, il y faut garder pourtant vn ordre ſi regulier, que le moindre faux pas que vous y faites vous precipite dans vn abyſme d'erreurs, d'où vous ne ſçauriez vous retirer qu'en vous remettant ſur les traces qu'elle vous marque. Dieu ſemble s'eſtre reglé ſur l'idée de cette ſcience dans la Creation du monde, puis qu'il a fait toutes choſes en nombre, poids, & meſure, qu'il a parfait ſon ouurage en adiouſtant vne choſe à vne autre; & les ayant toutes ſouſtraites de ſon eſſence infinie, il le conſerue par la vertu qu'il a donné à ſes creatures de multiplier, & il l'orne merueilleuſement par la diuiſion qu'il a fait d'vn genre ſupreſme en des genres ſubalternes; des genres ſubalternes, en des especes, & des especes en leurs indiuidus; & la distinction qui se remarque dans leur estre, dans leurs nature & dans leurs conditions, semble vn effet de l'Arithmetique.

L'Astrologie qui passe pour vne science superstitieuse, & dont les predictions sont suspectes à la pluspart des personnes, sert d'vn bel ornement à vn Prince; c'est vne science toute celeste, puis que les Cieux en sont l'objet, & tous les grands Hommes en ont voulu estre informez. Iules Cesar, & Adrian, Empereurs des Romains, Ptolomée Prince d'Egypte, Alphonse Roy d'Espagne, en ont esté grands amateurs, iugeans que la noblesse de cette science estoit digne d'accompagner celle de leur rang: Vous ne sçauriez vous persuader de quelle vtilité est cette science, puis que par la consideration de la regularité du mouuement de ces vastes machines, nostre esprit s'esleue à la connoissance de la grandeur & de l'excellence du premier moteur, dont ils publient continuellement la gloire par leur cadance tousiours parfaitement bien reglée: Les Chefs d'armée s'en sont seruis dans les dangers tres-pressants dont ils ont eu vne issuë fauorable. On lit de Sulpitius, qu'il diliura son armée par l'adresse qu'il eust à se bien seruir de cette science dans vne Eclipse de Lune qui suruint : le mesme se lit de Pericles Athenien, & de Dion Roy de Sicile Et tout au contraire, Nicias Empereur d'Athenes, pour l'auoir ignorée, voyant ses trouppes nauales toutes effrayées par vn semblable accident, n'osa sortir du port : ce qui tourna au grand desauantage de ce peuple. Sous Fernand Roy des Espagnes, Colon (ce grand Conquerant du nouueau monde) voyant que ses trouppes estoient dans vn manifeste danger de perir par faute de viures, qu'il ne pouuoit obtenir de la rudesse des peuples sauuages parmy lesquels il se trouuoit, & ayant obserué qu'en peu de temps il deuoit se faire vne Eclipse lunaire, il les menassa de grands malheurs qui leur deuoient arriuer, s'ils ne subuenoient à leur necessité, & leur donna pour signe la defaillance, en laquelle cét astre deuoit se trouuer en vn tel moment : dequoy ces peuples, ignorans de l'Astrologie, se mocquoient, sans luy vouloir prester cette acte de charité qu'il demãdoit ; mais l'effet de sa prédiction estant arriué, il ietta vne frayeur si grande dans l'esprit de cette nation, que tout aussi tost elle se monstra aussi liberale enuers luy, qu'elle auoit esté auparauant rétiue à le secourir dans le grand besoin qu'il en auoit. Aristote escriuant au grand Alexandre, luy persuade de ne manger ny boire, de ne se leuer ny coucher, & de ne rien entreprendre que par le conseil d'vn homme expert dans l'Astrologie Parmy les Ægyptiens, il n'y auoit que les Mathematiciens qui fussent esleuez au rang des Prestres & des Pontifes: parmy les Lacedemoniens, les seuls Mathematiciens montoient sur le throsne: parmy les Perses les Mathematiciens seuls estoient trouuez dignes de porter le Sceptre & la Couronne.

Que si nous descendons du Ciel sur la terre dont la Geographie fait la description, nous trouuerons cette science aussi vtile à vn Prince, qu'elle est agreable à toutes sortes de personnes. L'Histoire qui doit faire vostre entretien le plus ordinaire, demeure imparfaite par l'ignorãce de la Geographie. Quand vous lisez la défaite de Pompée dãs les campagnes de Pharsale, si vous ne sçauez que Pharsale est vne Ville de Thessake, que la Thessalie est vne Prouince de la Gréce, & que la Gréce est vne des parties de l'Europe, vostre esprit n'est qu'à moitié satisfait : si vous lisez dans la sainte Escriture les lieux que le Sauueur du monde a honnoré de sa presence, le partage que les Apostres ont fait de diuers païs pour y arborer la doctrine de l'Euangile, ou les voyages de S. Paul, vostre esprit ignorant de la Carte n'a que la moitié du plaisir : si l'Histoire vous informe de la naissance des Monarchies des Assyriens & des Caldéens, des Medes & des Perses, des Grecs & des Romains; si elle vous fait le recit des cõquestes d'vn Hercule, d'vn Alexandre, d'vn Thesée, & de tant d'autres grands Hommes; si vous ignorez les lieux qui ont veu esclorre leurs belles actions, vous ne la posséderez que fort imparfaitement, & vostre esprit trauaillera inutilement à se former des idées de tous ces endroits sans aucun bon succez; pource qu'il ne peut les trouuer que par le secours de cette science, laquelle nous promene sur toute la terre auec fort peu de trauail. Sans que vous sortiez de vostre cabinet, elle vous estallera toutes les richesses des Indes, tous les charmes de l'Italie, toute la generosité de l'Allemagne, la grauité de l'Espagne, & la gentillesse de la France. Dans vn moment elle vous donnera à cueillir tous les fruits aromatiques de l'Orient, elle vous donnera l'entrée dans ses mines, elle vous fera passer les cuisantes chaleurs de l'Etiopie, les frimats & les glaçons du Septentrion, sans que vous en receuiez aucune sorte d'incommodité.

La Geometrie qui enseigne à mesurer la longueur des lignes, la largeur des superficies, & la profondeur des corps, ne doit pas eschaper à la connoissance d'vn Prince qui estant destiné par sa condition aux emplois de la guerre, il ne sçauroit s'en acquiter sans le secours de cette science; elle luy sert à former ses bataillons, à ranger son armée, & à disposer ses trouppes en la posture qu'il iugera luy estre la plus auantageuse. Il ne peut former le dessein d'vne fortification, ny le plan d'vne place, que par les lumieres de la Geometrie, qui en moins d'vn quart d'heure nous fait monter sur la croupe des montagnes les plus hautes & les plus difficiles d'accez, humilie la pointe orgueilleuse des plus superbes bastimens qui semblent par leur hauteur vouloir brauer les Cieux,

& enseigne la methode à ramasser sur vne feüille de papier l'enceinte de la plus grande Ville du monde. De celle-cy dépendent la Trigonometrie & la Fortification ; & toutes ces trois sciences sont si bien vnies, qu'il semble qu'elles n'en font qu'vne, qu'il n'est pas permis à vn Prince d'ignorer; lequel s'estant perfectionné dans les operations de la Mathematique, s'occupera auec plus de plaisir à la lecture de l'Histoire.

Qu'vn Prince doit estre sçauant dans l'Histoire.

CHAPITRE VIII.

PRINCE, l'Histoire qui r'appelle le temps passé, & qui dispose de celuy qui doit aduenir par les aduis & par les sages conseils qu'elle vous donne, doit faire vostre entretien le plus familier & le plus ordinaire. Il y a vn nombre presque infiny de liures dõt la lecture est fort diuertissante, mais fort vtile aux grands Hommes qui cherchent ſans relaſche à ſe perfectionner; & c'eſt vne perte de temps, que de s'occuper ſi inutilement. Celle de l'Hiſtoire a cet auantage, qu'en recreant l'eſprit de mille belles choſes dont elle l'informe, en meſme temps elle luy donne des inſtructions qui luy ſeruent à ſe former vne ſage conduite pour toute ſa vie.

Comme la memoire eſt en l'homme vn threſor, où l'entendement & l'eſprit vont puiſer ce qui leur eſt neceſſaire dans leurs operations, qui ſans cette puiſſance demeureroient languiſſantes & preſque ſans mouuement; de meſme l'Hiſtoire eſt le threſor de la societê humaine, qui conſerue les belles actions des hommes illuſtres, les ſages conſeils des hommes prudens, & tous les accidens les plus memorables que cauſe vne grande ſuite de temps ſur lequel elle ſe rend maiſtreſſe, faiſant renaiſtre ce qu'il a deſia deuoré, & donnant vne durée eternelle à tout ce qu'il ſemble auoir enſeuely ſous ſon flux continuel. On a beau dreſſer des ſtatuës, des trophées de marbre, des arcs de triomphe, des Colomnes & des Mauſolées magnifiques pour conſeruer la memoire des grands Heros; l'injure du temps détruit toutes ces choses, & les enseuelit dans l'oubly, si l'Histoire ne subuient, qui les rendent immortels par vn fidel recit qu'elle nous fait de leurs actions. Les peuples les plus grossiers & les plus rudes qui n'auoient point l'vsage des lettres, pour ne tomber pas dans cette horrible ignorance qui nous priue de la connoissance de tout ce qui s'est fait auant que nous fussions naiz, & lors que nous n'estions encore que dans les idées de Dieu, ont inuenté des chansons où ils descriuoient les choses passées, lesquelles ils faisoient apprendre de main en main à leurs enfans; & il s'est trouué que par ce moyen ils ont conserué la memoire de huit cens ans.

Vostre condition, Prince, a d'autant plus de besoin d'estre bien reglée, qu'elle est eminente: le secours que vous pouuez tirer de la Philosophie Morale, est beaucoup plus foible que celuy que l'Histoire vous presente, parce que les exemples sont plus puissans à esmouuoir, que ne sont les argumens les plus subtils, ou les raisons les plus conuaincantes. Les exemples sont des choses particulieres accompagnées de toutes les circonstances qui tendent à l'action & à determiner

determiner l'eſprit; mais le raiſonnement eſt appuyé ſur des maximes generales, qui vont pluſtoſt dans l'eſpeculation, & dont l'exercice eſt ſouuent arreſté par des particularitez impreueuës qui s'oppoſent à ſes reſolutions. Par l'exemple des choſes paſſées, Prince, vous apprendrez à ſçauoir faire vn digne iugement du preſent, à preuoir l'aduenir, & à connoiſtre ce que vous deuez embraſſer, ou ce qu'il vous eſt expedient de reietter. Par le recit que l'Hiſtoire vous fait des actions les plus genereuſes qui ont eſté faites par les grands Roys & les Princes bien nez, par les ſages Gouuerneurs, & les braues Capitaines, par les Republiques les plus floriſſantes, & les peuples les plus puiſſans, voſtre eſprit ſe ſent piqué à imiter leur ſage conduite, & il n'eſt rien de ſi difficile, qu'il ne ſe voye en eſtat d'entreprendre auec generoſité. Par la peinture que l'Hiſtoire vous fait des mœurs, des loix & des couſtumes des nations eſtrangeres, les deſſeins des hommes particuliers, leurs conſeils & entrepriſes, les moyens dont ils ſe ſont ſeruis pour arriuer au plus haut poinct de gloire, les accidens qui les ont precipitez aux plus bas degrez de la fortune, vous en receurez des lumieres qui vous ſont neceſſaires pour connoiſtre à quoy vous deuez vous determiner, quelle reſolution vous deuez prendre dans les choſes douteuſes: vous pourrez iuger à peu pres quel ſuccez peut auoir vne affaire bien embroüillée, vous ſerez aduerty comment vous deuez vous comporter dans la proſperité, & quel adouciſſement vous deuez donner à vos diſgraces.

On a touſiours fait grand eſtat des conſeils des vieilles gens, pource que la longue ſuite des années qu'ils ont veſcu leur a fait voir les differents viſages que prennent les affaires de ce monde, & leur a acquis vne grande experience qui les rend capables de ſçauoir iuger bien à propos de toutes les affaires qui ſe propoſent. On deſtine ordinairement à des grands exploits les perſonnes qui ont beaucoup voyagé, qui ont obſerué le gouuernement de diuerſes nations, les maximes de pluſieurs peuples, & les couſtumes d'vne infinité de Prouinces & de Royaumes qu'ils ont couru, parce qu'ayant veu les déciſions & l'iſſuë des plus importantes affaires, ils ſont eſtimez aſſez ſages & aſſez habiles pour ſe demeſler de tout ce qui leur ſera commis. L'Hiſtoire, Prince, vous offre tous ces auantages, il n'eſt pas beſoin que vous ayez les cheueux blancs, ny que vous ayez vieilly dans ce monde pour vous former vne experience des choſes qui s'y paſſent : ſi vous liſez auec attention les Hiſtoriens, vous en apprendrez plus en vn mois de lecture, que vous ne faites en vingt ans de temps. Sans ſortir de voſtre Cabinet vous ſerez auſſi bien informé & auſſi bien aduerty de tout ce qui ſe fait ſur la terre, que ceux qui ont pris tant de peine à s'y promener, & qui ont beaucoup abregé leur vie par la fatigue des longs voyages qu'ils ont fait.

La lecture des Hiſtoires eſt vne eſcole de prudence, que l'homme ſe forme dans ſon eſprit par la conſideration qu'il fait; par quels moyens les Monarchies ont eſté eſtablies, par quelles loix elles ont eſté reglées, & par quelle conduite elles ſe ſont conſeruées dans leur vigueur. Imitez, Prince, Alexandre Seuere, vn des plus ſages & des vertueux Empereurs des Romains, qui ne determinoit iamais rien dans les affaires importantes, qui regardoient le gouuernement de ſon eſtat, que par le conſeil des hommes ſçauans dans l'Hiſtoire qu'ils aſſembloient, afin de prendre leurs aduis & afin de ſe regler ſelon leurs ſentimens.

Si dans voſtre ieuneſſe, Prince, vous auez eſté bien informé de l'Hiſtoire, lors que l'âge vous permettra de vous ſeruir des armes, ou qu'il vous permettra de porter voſtre iugement ſur les affaires d'Eſtat, elle vous fournira les memoires pour bien regler vne armée, les ruſes pour faire bien reüſſir la guerre que vous entreprendrez, & les maximes pour determiner toutes vos entrepriſes. Vos ſentimens ſeront d'autant plus fermes, que vous les verrez appuyez ſur l'exemple des grands Hommes dont vous aurez leu la vie; s'il ſe preſente quelque difficulté, comme il s'eſt trouué par tout, vous la leuerez fort aiſément, par le rapport que vous en ferez à des ſemblables que l'Hiſtoire vous fournira: vous y trouuerez les moyens qui vous ſont les plus conuenables pour faire reüſſir vos deſſeins, l'adreſſe pour les conduire, & la prudence à les former. De la connoiſſance de l'Hiſtoire, vous paſſerez en celle de la Cronologie, qui fait la diſtinction des âges & des ſiecles, & qui range toutes choſes ſelon le temps qu'elles ſont arriuées, afin de ne laiſſer aucune confuſion dans voſtre eſprit, lequel par la lecture de l'Hiſtoire ſe formera de belles maximes pour l'œconomie de voſtre maiſon particuliere.

Qu'vn Prince doit entendre l'Oeconomie.

CHAPITRE IX.

PRINCE, c'eſt vne fatale neceſſité à l'homme, d'entrer dans vn meſnage, où les deſplaiſirs ſont ſi ordinaires, & les ennuis par fois preſque inſupportables: pour vne douceur qui s'y rencontre, il y a cent amertumes qui le fõt gemir ſous vn fardeau qui luy eſt d'autant plus difficile à ſupporter, qu'il s'y voit neceſſité par vne obligation indiſſoluble. Il voit ſa liberté aſſeruie, ſes deſſeins bornez, ſes entrepriſes trauerſées, & ſes eſperances abbatuës par mille inconueniens qui s'en enſuiuroient, s'il vouloit tant ſoit peu ſortir hors les deuoirs que luy impoſe le meſnage où il ſe voit attaché: mais comme il n'eſt point de venin qui n'ait ſon contrepoiſon, ny de maladie qui n'ait ſon remede; auſſi n'eſt-il point de diſgrace qui n'ait ſes adouciſſemens ; & pour celles qui enuironnent vn meſnage, l'œconomie qui enſeigne à bien regler vne maiſon, fait tout ſon ſoulagement. Vous pourriez peut-eſtre penſer, Prince, qu'eſtant deſtiné par voſtre condition à des emplois fort releuez, ce ſeroit par trop la rabaiſſer, que de vous occuper à la conduite d'vn meſnage, qui eſt l'exercice des perſonnes les plus baſſes : ces ſentimens qui ont quelque ombre de generoſité, ſont extremement vitieux, & ſçachez qu'il eſt de tres-grande conſequence à vn Prince qu'il s'entende en l'œconomie ; d'autant que le peuple qui a touſiours les yeux ouuerts pour obſeruer principalement la conduite de ſon Souuerain, tire vn mauuais augure quand il voit ſa famille mal ordonnée, & infere fort librement, que s'il n'eſt pas capable, ou s'il neglige à mettre vn bon ordre dans ſa maiſon, que difficilement pourra-t'il bien policer ſon Eſtat. La Maiſon d'vn Prince eſt vn petit Royaume dont il eſt le Chef, ſa Femme repreſente ſon Conſeil, ſes Enſans ſes Fauoris, & ſes domeſtiques ſon peuple, & elle doit eſtre bien gouuernée en ces 4. poincts par les regles de l'œconomie.

Vous donc, Prince, qui eſtes eſtably à la teſte d'vne grande famille, vous deuez occuper voſtre veuë à connoiſtre parfaitement la portée de vos rentes & de vos biens pour les employer touſiours vtilement, & affin de ne faire pas des deſpenſes ſuperfluës, ſoit que vous eſleuiez des edifices magnifiques, que vous faſſiez dreſſer des theatres, que vous regaliez vos amis auec des feſtins ſomptueux, que vous ſoyez ſuiui d'vn grand train, ou que vous departiez vos liberalitez, prenez bien garde que ce ſoit ſans vous incommoder, & que vos biens le puiſſent permettre. Vous deuez occuper vos oreilles à eſcouter les demandes de vos domeſtiques, leurs plaintes, & les bons conſeils qu'ils vous donneront pour l'agrandiſſement & le ſouſtien de voſtre Maiſon: vous deuez occuper voſtre bouche pour leur declarer vos volontez, leur impoſer vos ordres, & decider toutes les difficultez domeſtiques; & par ce moyen vous vous acquiterez de toutes les fonctions d'vn Chef de famille. Pour ce qui eſt de voſtre femme, ie veux que vous ayez de l'estime & de l'amour pour elle. Ie sçay bien que les mariages des Princes se traittent plustost par des raisons d'Estat, que par les maximes communes qui marient les autres hommes; ils espousent souuent des femmes qu'ils ne connoissent que par l'expression qu'en fait le pinceau d'vn Peintre, & par le rapport que des Ambassadeurs leur en font; ils s'associent d'vne personne dont ils ne sçauent ny les qualitez, ny l'humeur, que fort imparfaitement: mais il n'importe, Prince, vous deuez estimer tousiours la femme qui vous est tombée en partage, comme faisant la moitié de vous mesme, comme celle que le Ciel a destiné pour estre vostre compagne & vostre aide, qui doit partager esgalement auec vous, ou les faueurs de la fortune, ou les disgraces du sort Quand vous estimerez sa personne, vous approuuerez ses conseils & ses sentimens, sa douceur moderera vostre bile, sa sage conduite en qui vostre esprit se reposera, vous releuera de beaucoup de soins domestiques; & son adresse à sçauoir mesnager vostre humeur, vous releuera de cent desplaisirs qui suruiennent dans la societé humaine. De l'estime que vous en ferez, vous passerez dans l'affection que vous deuez auoir pour elle ; les alliances, & principalement celles du mariage, sont des effets de l'amour, sans laquelle elles s'affoiblissent & tombent dans vn excez de langueur si grande, qu'elles causent plustost du desplaisir, qu'elles n'apportent du soulagement à ceux qui les contractent. Si les liens de l'Hymenée vous font abandonner les interests d'vn pere & d'vne mere, pour espouser ceux d'vne femme, inferez de là l'amour que vous deuez auoir pour elle, puis qu'il doit surpasser celuy que la nature vous imprime dans le cœur pour vos plus proches parens de qui vous tenez l'estre & la vie, & par qui vous auez esté mis au iour; il n'y a que les brutals indignes d'auoir la compagnie d'vne honneste femme, qui sont incapables de conceuoir les tendresses de l'amour qui luy est deu. Mais, Prince, ces considerations ne s'adressent point à vous, à qui la noblesse de vostre condition imprime des sentimens tousiours genereux; il suffit que ie vous aduertisse de vostre deuoir, & que ie vous represente ce que vous deuez faire, pour vous y porter sans aucune resistance. Ce seul nom de femme imprime l'amitié dans les ames bien nées ; & les secours que vous tirerez de sa compagnie doiuent estre des puissans esguillons pour vous persuader de l'aimer. Vous estes fait vne mesme chose auec elle, par le mariage qui vous lie si estroittement, que ses desplaisirs & ses contentemens, ses disgraces & ses diuertissemens, & enfin tous ses interests, doiuent estre les vostres. Souuenez-vous qu'elle vous deliure de la malediction qui tombe sur celuy qui est seul, qu'elle vous met en possession du bien que Dieu fit au premier hõme, lequel il ne trouua pas bõ qu'il demeurât solitaire, mais il luy suscita vne compagne qu'il tira de son costé, pour l'aduertir qu'il deuoit la cherir à l'esgal de soy-mesme ; & cette leçon est pour tous les hommes, qui sont indignes de viure, lors qu'ils iront contre ce deuoir diuin. Quand vous prenez vne honneste femme, il faut que vous la receuiez comme venant de la main de Dieu, & comme vn present tres-pretieux que le Ciel vous fait ; & quand vous la possederez, il faut que vous en ayez de l'estime, & que vous cherissiez la possession d'vn bien si rare auec toutes les tendresses possibles.

Si Dieu vous fait renaistre en vos enfans, prenez bien garde de ne les abandonner pas au gré de leur caprice; vn bas âge est vn roseau qui est mouuant au moindre souffle de vent qu'il fasse, c'est vn ieune arbre à qui on donne le ply que l'on veut, c'est vne nouuelle terre qui rapporte à proportion du soin que l'on prend à la cultiuer. Obseruez leurs bonnes inclinations pour les fortifier tousiours, & les mauuaises pour les déraciner; ne flattez point vne humeur vitieuse, mais encouragez incessamment vn bon naturel, pour le porter à des actions hautes & genereuses, qui soient dignes de la qualité d'vn Prince; ne les endormez point dans les dclices, donnez tout à leur necessité; mais accordez peu de chose aux diuertissemens superflus d'vne ieunesse, laquelle estant dépourueuë d'experience, s'abandonne facilement à tout ce à quoy ses inclinations la portent, sans faire reflection, ny sur la bassesse, ny sur la noblesse des actions où elle s'occupe. On a esté tousiours fort soigneux d'examiner les premiers mouuemens qui naissent dans vn Prince, comme vn augure tres-certain de ce qu'il doit valoir vn iour; c'est pourquoy il faut auoir tousiours les yeux ouuerts pour examiner sa portée & pour connoistre à quelle sorte d'exercices il est propre. Il y a bien des choses generales esquelles tous les Princes doiuent estre formez, mais il s'en trouue aussi de fort particulieres ausquelles il les faut destiner, selon que leur naturel y est rapportant. Quand ie dis, Prince, que vous deuez prendre tous ces soins pour vos enfans, i'entens que ce soit par l'entremise d'vn bon Precepteur à qui vous commettiez leur conduite, dont ie vous ay fait la peinture dans le deuxiesme Chapitre: c'est la plus belle & la plus precieuse de toutes les obligations que vous pouuez donner à vos enfans; à laquelle si vous venez à manquer, vous ne serez plus vn pere benin, mais vn parastre cruel & inhumain. Quand vous leur laisseriez les richesses d'vn Crœsus, les conquestes d'vn Alexandre, & les possessions de l'Empire Romain, si vous les laissez dépourueus d'instruction, c'est leur mettre des armes entre les mains pour se defaire eux-mesmes, & c'est leur fournir tous les moyens pour les precipiter en des malheurs horribles.

Pour ce qui regarde vos domestiques,

vous deuez à tous de l'amitié, de mesme que tous vous doiuent de l'obeïssance. C'est vne maxime qu'vn Prince doit garder inuiolablement, de se rendre aimable à ceux dont il se sert dans sa maison ; il est entre leurs mains, ils ont l'administration de ses biens ; & selon l'affection qu'ils ont pour le seruice de leur Prince, ils agissent auec vigueur à proteger ses interests par tout où ils se trouuent. Il faut pourtant faire distinction des personnes selon les emploisque l'on leur donne, entre lesquelles vn Prince doit estre extremement aduisé dans l'election d'vn Secretaire qui doit estre le depositaire de ses secrets, & de ses affaires les plus importantes : bien qu'il soit capable d'agir de soy-mesme, il ne sçauroit pourtant se passer de ce secours par qui il est releué de mille trauaux, lors que dans cet employ il se sert d'vn homme qui luy est fidel, & qui cherit plus le bien de son maistre que le sien propre. Ces ames interessées dont les pensées ne sont qu'à faire leur main & amasser de toutes parts des commoditez, ne sont point propres à cet office, il faut vn homme legal & entier, lequel vous attachiez à vostre seruice, par vos liberalitez

& par vos biens faits, affin de le diuertir d'occuper ses soins ailleurs qu'en ce qui regarde vos interests. Vn homme bien nay qui se voit fauorisé de son Prince, n'a plus des pensées, que pour le seruir fidelement; il victimera sa vie, il versera son sang, il ruinera sa santé auec agréement, pour celuy qui est son soustien, qui fait sa fortune, & qui n'oublie pas de l'auancer dans toutes les occasions qui se trouuent fauorables pour cela. Quand vous aurez appris, Prince, à bien regler vostre famille, vous vous verrez en estat de sçauoir agir de la belle maniere auec les Dames.

De quelle façon vn Prince ſe doit comporter enuers les Dames.

CHAPITRE X.

PRINCE, la matiere que ie me propoſe de traitter, eſt auſſi delicate à manier, que la nature des Dames, qui doiuent faire noſtre entretien dans ce Chapitre. Si i'entreprens de iuſtifier des calomnies qu'on leur impoſe, ie paſſeray pour vn homme qui les aime, & on dira de moy que ie luy apprens à faire l'amour; ſi i'incline à leur condamnation, on m'eſtimera vne perſonne barbare & trop ſeuere, de m'en prendre aux Dames qui ont la douceur pour leur partage, & qui ſont le ſouſtien de la ſocieté humaine: mais puis que mes ſentimens vont ſeulement à voſtre inſtruction, ie vous les expoſeray auec toute la naïueté poſſible, & ie m'efforceray de garder vn milieu qui ne choque point la ſeuerité ou la froideur que quelques-vns ont pour le ſexe, ny l'amitié que les autres luy portent : ceux là condamnent generalement toutes les Dames, pour la faute de quelques vnes ; & ceux-cy semblent leur donner vne approbation esgale : mais il n'en doit pas estre ainsi de vous, il faut que dans vos entretiens ordinaires vous sçachiez faire la distinction du merite & de la vertu des femmes, lesquelles vous deuez pourtant toutes traitter auec grande ciuilité, mais vostre estime doit estre pour celles seulement que vous iugez le meriter. Apres que dãs vostre Cour vous aurez fait cette élite, ie ne trouue point qu'il y ait aucun incõuenient de dõner le tẽps qui vous reste à leur entretien; c'est là que vous apprendrez plus de ciuilité & plus de modestie que dans la compagnie des hommes les mieux faits, qui entre eux se licentient tousiours à mille discours & à mille actions qui seroient fort mal receuës en la presence des Dames. Vostre adresse & la gentillesse de vostre esprit, n'auront iamais tant de lustre, que quand vous l'occuperez à contrarier par fois leurs sentimens les plus raisonnables, auec des raisons pleines de douceur & de subtilité ; par fois dissimulant ce que vous n'approuuez pas, principalement lors que vous voyez que leurs interests s'y trouuent engagez, ou que leur humeur est tout à fait portée à soustenir quelque party; tantost en leur donnnant des loüanges qui n'aillent pas toutesfois dans vne flatterie manifeste, tantost en leur laschant quelque parole qui les pique en general, mais qui ne les offence iamais: & quand vous trouuerez des humeurs qui aiment les grands courages & les actions martiales, releuez les emplois de la guerre par dessus tous les autres; si elles sont portées pour les lettes, representez leur les Muses comme des Diuinitez les plus charmantes & les plus agreables qui soient; si elles ont vn naturel actif, dites que l'action qui nous tient tousiours dans l'exercice, est le partage des ames genereuses & des esprits forts, que le trauail & la fatigue ne lasse point; si elles se plaisent au repos, dites leur que le repos est la mere de nos plus belles speculations, que c'est là que nous puisons nos plus riches pensées, que nous soulageons nos ennuis les plus facheux, & que nous forgeons des armes pour parer aux coups les plus rudes de la fortune; si elles se tesmoignent passionnées pour l'honneur, dites leur que ce sont des ſentimens tres genereux, qui nous font poſtpoſer nos biens, noſtre vie, & tout ce que nous auons de plus cher dans le monde à ſa conſeruation, & qu'il n'y a que les ames baſſes qui peuuent ſuruiure au deshonneur & à l'injure qui leur aura eſté faite; ſi elles ont le cœur aux richeſſes, repreſentez leur qu'elles ſont le ſouſtien de la vie, qu'elles ſont le reſſort qui fait tout mouuoir, & que la pauureté eſt la choſe du monde la plus inſupportable; ſi elles ſont ambitieuſes, faites leur voir que les ames piquées d'ambition, ſont touſiours en eſtat de faire des actions releuées, qu'elles ſont incapables d'en produire des baſſes, & que tous leurs delices ſont à ſe faire remarquer par deſſus tous les autres: enfin meſnagez l'humeur des Dames auec adreſſe & auec beaucoup de modeſtie, dont elles font vne grande eſtime, à cauſe de la pudeur naturelle qui leur eſt imprimée dans le cœur.

Les armes les plus fortes pour obtenir les bonnes graces des Dames, ſont la douceur, ſecondée de beaucoup de ciuilité; & la modeſtie, qui vous defend de commettre la moindre indecence en leur compagnie. Quand vous vous ſerez formé l'habitude de ces deux qualitez, vous ne les exercerez pas seulement enuers le sexe, mais encores enuers toutes les personnes qui auront à faire à vous; & par là vous vous rendrez l'amour de tout le monde. Cette conqueste sur les esprits est bien plus noble que toutes celles que vous pourriez faire sur la terre, parce que vous vous mettez en possession de la plus belle partie de l'homme; tous les mouuemens que la violence des armes fait faire à des peuples subiuguez, vous doiuent estre en fort petite estime, d'autant que c'est la force & non pas l'amour qui les anime: aussi pour le regard des Dames, vous deuez bien plus aimer leur esprit que leurs corps. Ie vous aduouë qu'il y a vn grand plaisir de voir vn beau visage, vn corps bien proportionné, vne riche taille, la teste mediocre, les cheueux dorez, le front large, les yeux à fleur de teste, les iouës bien fournies, le nez aquilin, les levres de corail, les dents d'yuoire, le manton fourchu, le visage tousiours gay, le col & les bras moyens, les doigts longs & droits, auec tout le reste de ce qui forme vne rare beauté. Mais toutes ces choses passent comme vn esclair, leur durée est esgale à celle d'vne belle fleur qui naist au matin, & qui se fane au soir: les brulantes chaleurs d'vne fiévre tierce, peuuent en moins d'vn mois ternir le vermillon d'vn visage; les froideurs d'vne quarte efface-ront les traits les plus releuez, & vne seule incommodité est suffisante de ruiner vne beauté la plus acheuée. C'est pourquoy, Prince, ne vous rendez iamais idola-tre de la beauté d'vn corps, mais aimez la beauté de l'esprit, qui est au dessus de toutes les disgraces du sort : mais pource qu'il y a d'autres rencontres que celle de l'en-tretien, où vous auez à faire aux Dames, ayez cette maxime generale pour toutes, de vous declarer leur Protecteur & le iuste vengeur des torts que l'insolence des hommes a accoustumé de leur faire. Les sots n'estiment dans le monde rien de plus foible qu'vne femme; ce qui les enhardit à persecuter le sexe par fois dans des excez horribles; mais quand leurs senti-mens seroient veritables, c'est ce qui de-uroit les arrester, s'ils estoient piquez de quelque generosité. Quelle gloire y a-t'il à persecuter ou à vaincre vn ennemy foible? quel honneur y a-t'il à combatre vn sujet où on ne trouue point de resistance? Il est bien plus ſeant de proteger ceux qui ont beſoin de protection, & de ſoulager ceux qui ſont en neceſſité de ſoulagement. Ie ne puis m'empeſcher de condamner ces humeurs fieres & barbares qui ne ſçauroient trouuer aucune excuſe à leur crime. Ne permettez iamais qu'en voſtre preſence on deſchire la renommée d'vne Dame, ou qu'on choque ſon honneur; impoſez le ſilence à ces bouches médiſantes, qui par faute de quelque bon entretien, s'occupent ſi baſſement. Mais pourquoy faut-il qu'apres tant d'obligations dont nous ſommes redeuables au ſexe, que nous en faſſions le ſuiet de nos mocqueries & de nos plus piquantes mediſances? C'eſt vne ingratitude inſuportable, & il ſe remarque ordinairement que ceux qui ſont entachez de cette imperfection, & qui font tous leurs delices à declamer contre les Dames, ſont ceux qui ſe licentient auec plus de liberté à toutes les deſbauches qui regardent le ſexe; ce qui les rend encore plus criminels de perſecuter vn obiet pour lequel ils ne ſçauroient s'empeſcher d'auoir de l'amitié. Se peut il trouuer rien de plus ridicule que ces hommes, qui s'eſtans montrez ſi paſſionnez fort long-temps pour le seruice de quelque Dame, de qui peut estre apres vn siecle de persecution ils auront obtenu quelque legere faueur, la vont proclamer dãs toutes les bonnes cõpagnies, y adioustant cent choses qui sont tout à fait esloignées de la verité? Ces ames sõt indignes d'entrer dans le commerce des Dames, & incapables de traitter les mysteres de l'amour. Si vous vous rencontrez, Prince, dans le sac de quelque Ville, où la violence des armes peut tout, espargnez la pudicité des honnestes Dames, ou plustost permettez qu'on leur mette le cousteau à la gorge, & le poignart dans le sein, auant de leur oster la chose qu'elles estiment le plus dans le monde. Pour ce qui regarde vostre personne, soyez extrémement moderé sur ce suiet, soit en temps de guerre, soit en temps de paix: souuenez-vous que l'attentat de Tarquin sur Lucrece, a esteint la race des Roys dans Rome; & que le rapt d'Helene, a esté la cause de tant de malheurs qui sont tombez sur Troye. Par tout comme il y a des ames brutales pour accabler le sexe, il s'en trouue aussi de genereuses qui le protegent & qui le defendent des violences qui luy sont faites. C'est le parti que vous deuez prendre, comme le plus raisonnable, donnant tousiours vostre protection aux Dames que vous deuez traitter en toutes les rencontres auec beaucoup de douceur & auec grande modestie : cette façon d'agir sera vn puissant motif pour vous faire craindre sans vous faire haïr de vos sujets.

Qu'vn Prince se doit faire craindre sans se faire haïr de ses sujets.

CHAPITRE XI.

PRINCE, il est temps que ie vous dérobe à vostre Cour, pour vous promener vn peu dans les emplois de la Politique, & dans les exercices de la Guerre, qui sont les deux occupations les plus importantes pour le soustien d'vn Estat. D'abord ie vous represente la necessité qu'il y a d'esuiter la haine des peuples, parce que c'est la chose du monde qui cause le plus de desordre dans vn Estat, qui ne se voit iamais bien affermi, que quand il y a vne parfaite vnion du du Prince auec ses sujets; & cette vnion ne sçauroit se trouuer, si le peuple conçoit de la haine pour son Souuerain, à qui il doit de l'amour & de la crainte.

Pour esuiter cet inconuenient qui pourroit enfin aller à la ruine totale de vostre Estat, il faut vous regler par deux maximes; dont l'vne est de vous abstenir des biens de vos sujets, & l'autre de n'attenter iamais sur la pudicité de leurs femmes ou de leurs filles. Ces deux choses sont les plus cheries vniuersellement de toutes les nations, qui souffriront plus volontiers la perte de leurs pere & mere, que celle de leurs biens qui font le soustien de la vie, laquelle ils exposeront encore plus franchement, que de se voir des-honnorez, ou en leurs femmes, ou en leurs filles. Vn peuple entier qui se voit despoüillé de ses cõmoditez par l'iniustice d'vn Prince, deuiēt vne furie enragée, qui s'arme de feu & de flãme contre luy; & voyãt qu'il n'a plus rien à perdre, il s'expose à tous les dãgers mesme les plus euidés, pour se vanger du tort qu'il reçoit. Luy qui deuroit faire le soustien de l'Estat, en cherche les moyens pour le ruiner: luy qui est obligé de contribuer à son agrandissement, se iette volontiers dans le parti des ennemis qui tâchét de l'affoiblir; & il n'est rien qu'il ne tante, pour abbatre l'authorité de celuy dont il se voit mal traitté. Quand vous aurez gardé ces deux maximes, il faut vous occuper à vous faire craindre plustost que de vous faire aimer; d'autant qu'il est presque impossible à vn Prince de mesler l'amour de ses sujets auec la crainte, mais il se peut bien faire qu'il sera craint sans estre hay. Vous ne deuez pourtant rien oublier pour vous rendre aimable dans vostre Estat; mais quād vous verrez que vos efforts serōt vains, employez les à imprimer de la crainte dans le cœur de ceux que vous auez à gouuerner.

Les peuples sont ordinairement ingrats, volages, dissimulez, amateurs du gain, & qui ne s'exposent pas volontiers aux dangers qui menassent vn Estat, qu'autant que leurs interests les y engagent. Tandis qu'vn Prince leur départ ses liberalitez, ils semblent pleins de zele pour son seruice, pourueu qu'il n'y aille rien du leur, & qu'ils se voyent esloignez du peril: mais s'il arriue quelque vrgente necessité où leur seruice soit necessaire, tout aussi tost ils se reuoltent & changent l'ardeur d'vn zele apparent en vne veritable froideur qui les rend ſans mouuement, pour ſecourir vn Eſtat qui eſt ſur le panchant de ſa ruine. Que ſi vn Prince s'appuye ſur les aſſurances d'vn amour intereſſé qui s'acquiert par la ſeule force des biens faits, cõme eſt celuy des peuples, il ſe trouuera enfin trompé, & il connoiſtra par les deſordres qui ſuruiendront, qu'il n'y a rien au monde de plus fragile; car les hõmes s'eſleuent plus volontiers contre celuy qui prẽd attache à ſe faire aimer, que contre celuy qui ſe fait craindre, d'autant que l'amour qui ſe forme par vn motif d'obligation, eſt facilement ruiné par la malice d'vn peuple qui cherche en toutes choſes ſes propres commoditez: mais la crainte que la peur du chaſtiment imprime dans leurs eſprits, eſt d'vne durée bien plus grande, qui ne les abandonne iamais, pource qu'ils ſe voyent ſoûmis ſous vne authorité ſouueraine qui peut touſiours les chaſtier. Si dans vn Eſtat tous les hommes agiſſoient par des ſentimens du bien public, vn Prince deuroit bien pluſtoſt trauailler à s'acquerir leur amitié, qu'à ſe rendre redoutable: mais pource que la pluſpart agiſſent par intereſt, & qu'ils n'aiment la cauſe publique que pour leur propre vtilité, il eſt tout à fait expedient que le Prince informé de leur humeur les range à leur deuoir par la crainte de la punition, lors qu'ils manqueront tant ſoit peu au deuoir qu'ils ont de contribuer toutes leurs forces à la conſeruation & à l'agrandiſſement de ſon Eſtat.

Quand la neceſſité vous obligera de porter les armes, ſoit pour vous venger d'vne nation ennemie, ſoit pour rentrer dans la poſſeſſion des terres qu'on aura vſurpé ſur vous; c'eſt dans cette rencontre que voſtre ſeuerité doit aller dans l'excez pour maintenir vn bon ordre parmy les ſoldats qui compoſeront voſtre armée. Ces gens nourris dans le ſang & dans le carnage, paſſent facilement au meſpris d'vn Chef qui les traitte auec douceur; ils ſe perſuadent qu'ils ſont craints de celuy qu'ils doiuent craindre, & dans cette reflexion ils ſe licentient fort librement à commettre mille choſes contre les loix de la guerre, & qui vont à la ruine du Prince. Si vous entrez dans l'examen de la conduite du grand Hannibal, vous trouuerez que de toutes les belles qualitez dont il eſtoit orné, il n'y a eu que ſa ferocité naturelle & ſon humeur fiere, qui ait maintenu en intelligẽce cette grande armée, composée de tant de diuerses nations qu'il commandoit; & ses autres perfections n'estoient pas suffisantes à produire cet effet, qui donne de l'admiration à tous les Historiens. Scipion, qui faisoit l'ornement de son temps, & dont la memoire vit encore parmy toutes les nations, à cause de la rencontre de tant de perfections qui s'estoient assemblées dans cette ame genereuse, n'a pû esuiter la reuolte de son armée dans les Espagnes, & sa douceur naturelle l'a exposé à des perils d'où il ne se fut iamais releué, sans qu'il viuoit sous l'authorité du plus auguste & du plus sage Senat du monde, qui auoit accoustumé de dissimuler les manquemens qu'il voyoit naistre d'vne bonté illustre. Mais la plus forte raison qu'vn Prince a de se faire plustost craindre qu'aimer, est fondée sur ce que l'amour des peuples se forme selon leur caprice, & se trouue hors la disposition d'vn Prince; mais la crainte qu'il leur donne dépend entierement de luy dont il vse à son gré; & il est bien plus raisonnable que le Prince s'appuye sur ce qui est à luy, que non pas qu'il se fie en ce qui appartient à vn autre. De cette façon vn Prince qui ſe fera craindre ſans ſe faire haïr de ſes ſuiets, eſuitera en meſme temps leur meſpris.

Qu'vn Prince doit eſuiter le meſpris de ſes Sujets.

CHAPITRE XII.

PRINCE, l'eſclat du throſne où vous eſtes aſſis, ne ſuffit pas pour imprimer le reſpect dans le cœur de vos peuples; & toute la gloire qui vous enuironne, n'a pas aſſez de force pour les ranger à l'obeïſſance qu'ils vous doiuent. Si la Majeſté du Prince n'eſt ſecondée des qualitez qui le mettent à couuert du meſpris de ſes ſujets, il ſe verra bien toſt déthroniſé, & il choirra infailliblement de la grandeur en laquelle il eſt eſleué. D'autant plus que voſtre condition eſt eminente, d'autant plus eſt elle ſuiette aux diſgraces de la fortune, & expoſée à la perſecution d'vn nombre infini de ialoux, d'enuieux, & de meſcontens, qui taſchent par tout d'obſcurcir voſtre gloire, & d'abbatre voſtre puiſſance, principalement lors qu'ils ne remarquent pas en vous les bonnes qualitez qui ſont neceſſaires pour rompre leurs efforts. Les peuples paſſent ordinairement du meſpris qu'ils font de leur Souuerain, à des reuoltes & à des guerres ciuiles, qui cauſent des horribles confuſions dans vn Eſtat, & qui vont à ſa ruine totale. Ie veux donc, Prince, vous expoſer les maximes que vous deuez tenir pour eſuiter d'eſtre meſpriſé de vos ſuiets, & par là vous mettre à l'abry de tous les dangers qui s'en enſuiuent. La grãdeur de courage, la ſeuerité, & la force, ſont les armes dont vous vous deuez ſeruir à cet effet Quãd vos actiõs paroiſtront par tout genereuſes & graues, vos reſolutions fermes & conſtantes, ſçachez qu'vn peuple qui vous verra agir de cette façon, ne cõceura iamais des bas ſentimeus pour voſtre perſonne : tout au contraire vous vous acquerrez ſur luy vne eſtime & vne reputation tres grande qui luy oſtera l'enuie & les occaſions de ſe reuolter contre vous; car difficilement s'eſleue-t'on contre vn Prince qu'on iuge eſtre vn excellent homme. Mais ſi vous paſſez pour leger, inconstant, irresolu, pusillanime, & effeminé, vous serez saisi d'vne double crainte de la reuolte de vos sujets au dedans, & des puissances estrangeres au dehors, qui vont fondre ordinairement sur les Estats, dont ils voyent le Chef en fort petite consideration. Quand vous serez assis dans vostre Conseil, pour y resoudre des affaires d'importance, qui vont à mettre vn bon ordre parmy vos sujets, soyez tousiours constant & ferme dans vos sentimens; & apres auoir pris quelque resolution, monstrez vous genereux à l'executer, passant au dessus de toutes les oppositions qui pourroient s'y rencontrer. Escoutez auec attention les sentimens de vos Conseillers, souffrez leurs aduis, & receuez leurs conseils; mais que ce soit vous qui donniez la conclusion de la matiere qui s'y traitte, sans vous laisser fleschir à aucune de tant de differentes opinions qui s'y proposent. Il se trouue dans les Histoires trois sortes de constitution des Princes; la premiere, est celle d'vn Prince qui peut agir de soy-mesme; la deuxiesme, de celuy qui agit par vn autre; & la troisiesme, de celuy qui est incapable d'agir, ny par autruy, ny par soy-mesme. Cette derniere cōdition est inutile & messeante à vn Prince qui a souuent transporté les Monarchies d'vne famille ou d'vne nation en vne autre: la deuxiesme est bonne, & suffit pour conseruer le Prince dans son authorité, quand il se sert des personnes capables de le bien conseiller; mais la premiere est noble & genereuse, digne d'vn Monarque qui se voit independant de tout le monde, non seulement dans l'authorité que Dieu luy a donnée, mais encore dãs tous les desseins qu'il veut entreprendre: agir par vn autre à quelque chose de bas, mais agir de soy-mesme, est vne conduite souueraine qui approche celle du premier moteur qui meut toutes choses, sans receuoir aucune impression d'vn mouuement estranger. C'est dans cet estat, Prince, que ie voudrois vous mettre, afin que de vous mesme vous fussiez assez fort pour former & pour executer vos resolutions, sans auoir besoin du secours de personne. Sur tout, Prince, gardez vous bien de vous regler par les conseils de quelque femme, quelque degré de proximité qu'il y ait entre vous & elle. Ie sçay bien qu'il s'en trouue d'assez genereuses & d'assez fortes pour gouuerner tout vn Estat; mais pource que les exemples en ſont fort rares, il eſt tres-perilleux de vous en ſeruir; c'eſt vn malheur pour elles dequoy le ſexe eſt eſtimé ſi volage & ſi inconſtant, dequoy il paſſe pour le ſujet de toutes les foibleſſes humaines, & pour le ioüet d'vn caprice inſolent. Alexandre Empereur des Romains, qui aimoit tant la juſtice & la bonté, ne pût empeſcher la reuolte de ſon armée, parce qu'il ſe gouuernoit par les conſeils de ſa propre mere; & ç'a eſté la ſeule cauſe de ſa mort. Si vne fois vous auez obtenu ce poinct de vous rendre venerable parmy voſtre peuple par vne conduite genereuſe & ſeuere, difficilement ſe trouuera-t'il des eſprits aſſez broüillons qui remuënt quelque choſe contre vous, d'autant que le deſſein d'vn Chef de coniuration eſt touſiours de ſatisfaire à vn peuple mécontent par le parricide execrable de ſon Prince; & quand il le voit en veneration parmy ſes ſuiets, il n'a plus de force ny de mouuement pour former l'idée d'vn deſſein ſi abominable, parce que le pretexte ſur quoi il ſe fonde ſe trouue ruiné. Ne craignant donc point les reuoltes du dedans, vous vous ioüez de la puiſſance de vos plus forts ennemis qui ſont au dehors; vous auez chez vous des armes & des amis qui ſçauent les manier ; vous poſſedez vn peuple ſoûmis à voſtre conduite, de qui vous tirez le ſecours qui vous eſt neceſſaire pour entretenir vne armée qui s'oppoſe à leurs efforts, & qui rompt tous leurs deſſeins ; car vn peuple qui a du reſpect & de la veneration pour ſon Souuerain, aime ſes intereſts, & conſpire au bien public en tout ce qui dépend de luy. Tous les grands Princes qui ont voulu eſtablir ou affermir des Empires, ont d'abord tâché d'imprimer vne haute eſtime d'eux-meſmes dãs le cœur de leurs peuples : Les vns ſe ſont dits deſcendre de la race des Dieux, comme a fait le grand Alexandre ; les autres d'auoir vne familiarité tres-particuliere auec quelque Diuinité, comme a fait Numa Pompilius: & quelques-vns ſe ſont portez à ce poinct d'inſolence, de ſe nommer de veritables Diuinitez, pour s'acquerir la veneration de leurs peuples, ſur qui les apparences de la Religion peuuent tout : Et de toutes les qualitez que ie vous ay propoſées pour vous faire éuiter le mépris de vos ſuiets, il n'y en a point de plus efficace, que de vous montrer extremement religieux, & ialoux de toutes les choses qui regardent le culte Diuin. Le peuple qui voit vn Prince amateur de la Religion, ne l'enuisage plus comme vn homme, il le considere comme vn Dieu, de qui il est l'image & le Lieutenant sur la Terre, sur lequel il s'acquiert en suite fort facilement vne reputation fort extraordinaire.

Qu'vn Prince se doit acquerir de la reputation parmy son peuple.

CHAPITRE XIII.

PRINCE, apres vous auoir donné les maximes pour ietter la crainte, & imprimer le respect de vostre gloire dans les esprits de vos suiets, il faut que ie vous declare celles que vous deuez tenir pour vous faire considerer. Il ne suffit pas qu'ils vous ayent en veneration, il faut encore qu'ils conçoiuent de hauts sentimens de vostre personne; & comme ils peuuent vous craindre sans vous haïr, aussi peuuent-ils vous respecter sans vous estimer beaucoup. Le respect naist de la pieté & de la vertu qui se mesle parmy la majesté d'vn Prince ; mais l'estime vient de plus haut, elle se forme sur les rares exemples qu'il donne de sa conduite dans les affaires du dedans, & sur les hautes entreprises qu'il fait au dehors. La vertu a cela de commun dans tous les hommes, qu'elle les rend venerables aux yeux de ceux qui la connoissent ; & parce qu'elle a plus d'éclat dans vne eminente condition, elle se fait aussi plus remarquer en la personne d'vn Souuerain ; mais il arriue souuent que nous reuerons ce que nous n'estimons pas beaucoup, parce que l'estime ne regarde pas seulement vne sage conduite reglée par les maximes de la Philosophie morale ; mais plustost elle s'attache à vne conduite genereuse, qui vous inspire des desseins fort releuez, & qui vous fait quelquefois oublier la iustice, pour vous porter à des entreprises qui ne sont pas communes, lesquelles il est tres-important de colorer d'vne apparence de Religion, si l'occasion se trouue fauorable ; ou du moins il faut les accompagner d'vn pretexte apparent de pieté, qui a vne force merueilleuſe ſur l'eſprit des peuples, que le ſentiment de Religion & de pieté touche par deſſus toutes choſes. L'exemple de Fernand Roy d'Arragon, vous doit ſeruir de regle. Ce Prince fut au commencement tres-foible; mais depuis qu'il attenta ſur la Grenade, ſous pretexte d'en chaſſer les Mores, ennemis mortels de la Religion Chreſtienne, cette entrepriſe luy reüſſit auec tant de ſuccés, qu'il ſe vit en eſtat d'aſſaillir l'Afrique & l'Italie; & il monta à vn ſi haut degré de puiſſance, qu'il eut aſſez de hardieſſe pour attaquer la force & la generoſité des François. Les eſtendarts arborez des marques de la Religion, ſont de puiſſantes exhortations pour animer les cœurs de tous les ſoldats qui compoſent vne armée: on n'a plus de peine de les perſuader au combat, quand ils voyent paroiſtre à découuert l'inſcription d'vne iuſte cauſe. Fuyez ſur toutes choſes l'oiſiueté, & meſme de vous tenir dans cet eſtat qu'on appelle de neutralité, que ie trouue extremement preiudiciable à la grandeur d'vn Prince qui deuroit pour ſa reputation prendre touſiours party aupres de quelque Puiſſance, auec laquelle il iuge faire bien ſes affaires, & ſe montrer par tout ou bon amy, ou conſtant ennemy; d'autant que s'il ſe rend indiferend, il s'expoſe à tomber entre les mains de celuy qui ſe verra vainqueur, duquel il ne doit attendre que toute ſorte de ſeucrité & de mauuais traittement, pour n'eſtre pas voulu entrer dans ſes interests. Dans cet eſtat il s'attire ſur ſoy meſme la fureur des armes victorieuſes, & la haine de celles qui n'ont pas eu vn ſuccés fauorable. Il eſt vray qu'il ne faut pas qu'vn Prince s'allie, que dans vne extréme neceſſité, à celuy qui eſt beaucoup plus puiſſant que luy, pour en deſtruire vn autre, parce que le ſecours qu'il luy donnera tournera à ſon deſauantage, car il ſe verra ſoûmis à la diſcretion du vainqueur; ce qui le met dans quelque dépendance, laquelle eſt iniurieuſe à vn Prince: mais d'vne puiſſance égale ou fort peu ſuperieure, il n'y a rien à craindre, & c'eſt vne grande prudence de s'vnir à elle, pource que ne pouuant pas vaincre ſans le ſecours que vous luy preſtez, vous la ſoumettez à vous par vne obligation tres-puiſſante; & ayant fait épreuue de vos forces, elle craindra de tourner ſes armes contre vous, qui apres l'auoir faite triompher, pourriez la vaincre, en vous alliant à ses ennemis. Que si le malheur veut que vostre party soit mis en déroute, vous vous trouuerez soulagé par la compagnie d'vn allié qui vous assistera en tout ce qui luy restera de moyens, & vous viurez tousiours dans les esperances de vous remettre. Enfin, Prince, de quel costé que la Fortune se tourne, il n'est rien de si auantageux pour vous acquerir de l'estime, & vous faire remarquer vn excellent homme, que de vous déterminer à quelque party. On soupçonne tousiours vn Prince qui choisit la neutralité, ou de foiblesse, ou de peu de resolution, & il se rend suspect à tous les autres qui ne daignent pas remuer en quelque danger qu'ils le voyent exposé.

Ce qui donne encore vn grand lustre à vn Prince, c'est lors qu'il fait paroistre qu'il a de l'estime pour les personnes qui excellent en quelque science, ou en quelque art, qu'il les honore de ses liberalitez, & qu'il les protege dans toutes les rencontres. Le credit que les gens sçauans s'acquirent sur l'esprit de tout vn peuple, est si grand, que quand il voit que le Prince sçait reconnoistre leur merite, il le iuge d'abord capable de grandes choſes, puis que ceux qui les poſſedent ſont cheris de luy. On n'aime que ce que l'on connoiſt, & la force de l'amour eſt touſiours proportionnée à la grandeur de la connoiſſance qu'on a d'vn rare ſuiet. Quand vn Prince ne ſeroit pas genereux, s'il aime les perſonnes qui font profeſſion de generoſité, il s'acquerra vne fauorable opinion parmy ſes ſuiets, qui auront ce ſentiment de luy, que les hommes excellens luy eſtant en veneration, il doit auſſi ſans doute poſſeder les perfections qu'il remarque, & qu'il cherit és autres. Vous deuez encore, Prince, entretenir voſtre peuple occupé aux réioüiſſances publiques qui ſe prattiquent dans tous les Eſtats en de certains temps de l'année. Là il faut exercer vos liberalitez, rabaiſſer la gloire de voſtre thrône ſans la fleſtrir, & vous rendre familier à vos ſuiets, ſans choquer la maieſté d'vn Prince: vous deuez vous montrer facile à les honorer de voſtre preſence, qui les animera à montrer toute leur adreſſe dans les exercices qui s'y pratiquent, laquelle vous deuez fort exalter, & leur témoigner la complaiſance qui vous vient de voir voſtre peuple dans des réioüissances communes ausquelles l'amour que vous luy portez vous fait prendre part. Et pource que la Religion est vn des plus puissans motifs qui peuuent non seulement vous faire éuiter le mépris de vos sujets, mais encore vous acquerir de l'estime sur tout vn peuple, ie m'en va vous faire voir de quelle importance il est qu'vn Prince se monstre par tout Religieux.

Qu'vn Prince se doit montrer par tout fort Religieux.

CHAPITRE XIV.

PRINCE, le sentiment de la Religion est si naturel à l'homme (peut-estre parce qu'il tire son origine du Ciel) & il a vn si grand ascendant sur son esprit, que par là les peuples les plus farouches sont appriuoisez. Il n'est point de nation qui ne s'en pique auec vn zele qui s'arme de feu & de flâme, quand il s'agit de ses interests. L'Italie & l'Espagne se seruent de la seuerité de l'Inquiſition, pour conſeruer la Foy Romaine dans ſon luſtre. L'Alemagne, pour la pluſpart, les Prouinces vnies du Païs bas, la Suede, le Dannemarc, & l'Angleterre, qui font profeſſion de la Religion Reformée, ou Lutherienne, ſe monſtrent par tout ſi contraires aux ſentimens de Rome, qu'il n'eſt perſonne ſi oſée de les publier ouuertement; & il n'y a preſque dans toute l'Europe, que la France, qui reçoiue indiferemment Caluin & le Pape. Cette cataſtrophe horrible arriuée en nos iours dans la Grande Bretagne, qui fait tomber des larmes de ſang des yeux de tous les gens de bien, a pris ſon commencement ſur les pretextes de la Religion; & ces genereux efforts des Princes d'Orange qui ont ſouſtrait tant de Prouinces de l'obeïſſance du Roy des Eſpagnes, ſont des effets de la violence qu'on a voulu leur faire dans les matieres de la Foy, qui ne veut iamais eſtre forcée, & qu'on ne doit point perſuader aux hommes par la force des armes, mais par la Predication de l'Euangile. Enfin les choſes les plus remarquables que nous conſiderons dans les Hiſtoires, ont eſté prattiquées ſous quelque couleur de Religion, dont les grands hommes se sont tousiours seruis comme d'vn moyen tres efficace, soit pour establir, soit pour conseruer, ou pour estendre vn Estat. Quelque heureux commencement que Romulus ait donné à Rome, à grand peine se fust elle conseruée dans son éclat, si le Ciel n'eut suscité le Religieux Numa, lequel ayant à faire à vn peuple rude & grossier, retiré pour la pluspart des Forests dans cette nouuelle Ville, se seruit de la Religion pour le rendre plus traitable, & le ranger à vne obeïssance ciuile, qui étouffât toutes les discordes que le naturel fougueux de ce peuple sauuage pouuoit susciter dans cette nouuelle Republique. Ce qui luy reüssit si auantageusement, que la veneration des Dieux y fut obseruée auec plus d'exactitude qu'en pas-vn endroit du monde; & c'est ce qui facilita les plus difficiles & les plus hautes entreprises que le peuple Romain ait formé pour l'agrandissement de cette Republique. Tite-Liue, Prince, vous en fournira assez d'exemples. Hannibal mit vne si grande confusion dans Rome, & il ietta vn si horrible effroy dans l'esprit du peuple, apres la déroute des Cannes, qu'vne partie s'estant assemblez en refolution de vuider l'Italie pour paſſer en Sicile, Scipion les obligea de reuoquer leur deſſein, par le ſerment qu'il leur fit faire l'eſpée nuë à la main; & dés lors ils aimerent mieux ſuiure la fortune & le peril de tous les autres Citoyens, que d'enfraindre la promeſſe ſacrée qu'ils venoient de faire aux Dieux. Si bien que ce peuple que l'amour de la patrie n'auoit pas pû arreſter dans Rome, ſe vit bridé par le ſerment auquel Scipion les obligea ; & il s'eſt veu que les intereſts de la Religion ont meſme eſtouffé dans Rome des inimitiez particulieres. Titus Manlius voyant ſon pere accuſé par le Tribun du peuple, porté par la force de l'amour filial, fut affronter ce Tribun, le menaſſant de le tuer, s'il ne leuoit l'accuſation faite contre ſon pere : ce qu'il obtint ſans aucune reſiſtance, apres l'auoir contraint au iurement: Et de là meſme s'en enſuiuit vne eſtroitte amitié entre Lucius Manlius pere de Titus, & Marcus Pomponius Tribun du peuple. Tous ces effets qui ſont admirables, à qui les conſidere, ont eſté produits par la Religion que Numa introduit dans Rome, laquelle ſe doit aduoüer autant obligée pour le moins à ce

Prince Religieux, qu'à la generosité de son Fondateur ; & iamais il ne fut venu à bout du dessein qu'il auoit d'introduire dans Rome de nouueaux ordres, tant ciuils que militaires, s'il ne se fut tourné vers le Ciel, où il feignoit auoir vne familiarité tres-particuliere auec la Deesse Ægerie, qui luy reueloit tous les mysteres de la Religion que les Dieux vouloient estre tres-estroittement obseruez du peuple Romain. Lycurgus & Solon en ont vsé de mesme façon, pour donner credit à leurs Loix dans la Grece; & il ne s'est guere veu d'hommes qui prenant le dessein d'establir, augmenter, ou changer vn Estat, ils n'ayent mis en auant la Religion, parce qu'elle regarde les interests de Dieu, à qui tous les hommes se voyêt forcez de se soumettre. La raison est, pour autant que les grands & les sages Esprits connoissent quantité de bonnes choses qu'ils ne sçauroient persuader au reste des hommes, par des raisons euidentes, à faute desquelles il est necessaire d'auoir recours à vn moyen qui les aueugle & qui leur fasse receuoir ce qui leur est proposé comme des Oracles rendus de la bouche des Dieux, qui sont estimez veritables en toutes choses;

& il n'en est point de plus efficace que la Religion. Le sacrilege Mahomet a sceu tres bien prattiquer cette leçon, & si auantageusement, que sa secte se voit auiourd'huy tenir le plus grand & le plus florissant Empire du monde; & faisant disgression du plus profane de tous les hommes, à vn des plus saincts personnages de l'antiquité, qui est Moyse, nous pouuons dire que toute sa politique a esté fondée sur les reuelations qu'il tiroit du Ciel. Il auoit à conduire vn peuple inconstant, dont il arrestoit la legereté, en disant, c'est le Seigneur qui a parlé. Soit qu'il les voulut animer à quelque dessein genereux, soit qu'il voulut les entretenir en paix, il suffisoit de leur dire, sans autre raisonnement, Le Seigneur a dit ces choses; & pour les entretenir dans le culte du vray Dieu, il les chargea de tant de ceremonies Religieuses, qu'à peine leur esprit se pouuoit-il diuertir ailleurs. Mais, Prince, rentrons dans Rome, & aduoüons qu'elle doit tout son bonheur à la Religion establie par Numa Pompilius, d'autant qu'où le culte Diuin florit, il est facile d'y mettre de bons ordres, qui sont tousiours suiuis d'vn heureux succés dans toutes les entreprises qui se forment ; & concluons qu'il n'est point de meilleur moyen pour vous faire regner heureusement, qu'en vous faisant remarquer par tout fort religieux. Imitez ces sages Romains qui n'entreprenoient iamais aucune affaire importante, sans auoir consulté leurs auspices, qu'ils tenoient comme vne marque infaillible de la volonté des Dieux. Seruez-vous des moyens que vostre Religion vous fournit pour preuenir tous vos desseins ; & si la necessité, ou quelque fauorable occasion, vous oblige à quelque haute entreprise, consultez premierement le Ciel, addressez luy vos vœux, & faites paroistre à vos sujets que vos intentions ne vont qu'à seconder celles de Dieu, dont on vous croira suffisamment informé, si l'on vous remarque occupé aux exercices de la Religion auant que de rien entreprendre ; & dés lors que vostre peuple sera persuadé que le destin vous doit estre fauorable, il s'animera pour vous suiure dans les perils les plus éuidens Soyez grand zelateur des interests du culte Diuin, & fauorisez toutes les choses qui peuuent contribuer à son augmentation. Rendez-vous le protecteur des Personnes sacrées qui administrent les ceremonies de la Religion; aimez leurs entretiens, mais vsez-en sobrement dans vos conseils, pource que ces gens beaucoup plus subtils que le commun, en qui le peuple a vne confidence particuliere, peuuent nuire plus dans vn iour aux interests de vostre Estat, qu'vn autre ne fera pendant toute sa vie. Que si par accident vn peuple s'abuse dans des matieres de la Religion, il n'importe, pourueu que cet erreur aille à les gouuerner plus facilemét, les regler & maintenir dans l'obeïssance & dans vn bon ordre. Souuenez vous de ce qui arriua dans le Sac de la Ville des Veyeus: Quelques soldats estans entrez auec beaucoup de reuerence dans le Temple de Ianon, s'approcherent de son statuë; & luy ayant demandé si elle vouloit venir à Rome, il sembla à quelques-vns qu'elle répondoit que oüy, & à d'autres qu'elle faisoit signe de la teste de consentir à vne si illustre retraitte. Sans doute que cette fausse opinion naissoit dequoy ce peuple auoit le cœur extremement porté à la Religion, laquelle estant connuë de Camillus & des autres Chefs de la Republique, tant s'en faut qu'ils en re-

prouuassent

prouuassent l'erreur, qu'au contraire ils fauoriserent le dessein de ce peuple, pource qu'il tendoit à la veneration des Dieux; & il ne se presentoit iamais aucune occasion qui regardât le culte diuin, dont ils ne se seruissent, comme d'vn moyen tres efficace à soûmettre le peuple à leur obeïssance, qui ne la refuse iamais à vn Prince qui se monstre par tout Religieux, lequel passera facilement des sentimens qu'il aura pour la Religion, à ceux qu'il doit auoir pour la reconnoissance.

Qu'vn Prince se doit par tout monstrer reconnoissant.

CHAPITRE XV.

PRINCE, i'auouë que ce qu'on appelle reconnoissance dans les personnes priuées, doit passer en vous pour vne pure liberalité; & que les recompenses accordées à des seruices rendus, perdent ce nom en la personne d'vn Prince, pour prendre celuy d'vne faueur speciale. Vn souuerain ne doit rien à personne sous ce titre de reconnoissance ou de recompense; & quand il accepte les fatigues d'vn grand Capitaine, ou les soins de quelque homme d'Estat (ce qu'il doit tousiours faire) c'est vne gratification qu'il leur fait, & non pas vne reconnoissance qu'il leur rend: Que si ma These semble combattre mon sentiment, ie l'ay voulu ainsi establir, Prince, pour m'accommoder à la façon commune de parler, mesme des Politiques, qui traittẽt cette matiere, lesquels donnent tout le nom de recompense, à ce qui doit estre nommé vne grace & vne liberalité tres-particuliere. I'en vseray de mesme auec vostre adueu, dans l'instruction que ie me suis proposé de vous donner. Tenez, Prince, pour vne maxime infaillible, qu'il n'est personne d'entre vos sujets qui soit si zelé pour vostre seruice, ou si attaché aux interests de la patrie, qu'il ne mesle vn peu les siens parmy, & qui ne s'attende apres vne reconnoissance lors qu'il s'estimera auoir rendu de bons seruices à l'Estat. Ceux que nous appellons volontaires dans les armées, qui semblent combattre seulement pour l'honneur ou pour le bien commun, s'estiment d'autant plus dignes d'estre recompensez apres auoir fait quelque action genereuse, qu'ils s'exposent au danger de perdre la vie de leur franche volonté. Et s'il se trouue des personnes assez genereuses qui prennent les armes par le seul motif de deffendre la patrie, bien qu ceux cy n'enuisagent pas les recompenses comme tous les autres font; pour le moins se croyent-ils dignes d'vne loüange extraordinaire, & ils sont plus dangereux que tous les autres, pource qu'il est bien difficile de trouuer des loüanges à leur goust, & rarement se sentent ils loüez à leur fantaisie. Parcourez, Prince, toutes les conditions des hommes qui peuuent estre vtiles ou à vostre personne, ou au bien de vostre Estat; vous n'en trouuerez pas vn qui n'enuisage aussi-tost les recompenses qui luy doiuent venir de ses bons seruices, que l'obligation qu'il a de vous les rendre. C'est enfin vne necessité inseparable de la nature des hommes, de se mettre au trauail pour la recompense; & le Fils de Dieu semble authoriser cette façon d'agir, quand il dit, que l'ouurier est digne de sa recompense. Cette necessité peut naistre dequoy ceux qui ſont pauures voudroient bien eſtre riches, & ceux qui le sõt s'en voudroiẽt biẽ rẽdre dauantage: elle peut encore venir dequoy les hõmes sõt naturelemẽt ambitieux, & touſiours dans le deſſein de faire vne fortune plus eminente que celle où ils ſe trouuent ; il n'y en a pas-vn qui eſchappe de ce mal là, à moins de viure comme des Bias & comme des Crates, ou à la façon des Stoïciens, & des gens qui ſe contentent de ſe tenir dans le repos de leurs familles; mais ce n'eſt pas de ces gens que ie parle, & ce ne ſont pas d'eux que vous auez beſoin: mon diſcours eſt de ces perſonnes à qui vous faites l'honneur de les employer, ou dans vos Conſeils, ou dans vos armées; leſquels il eſt tres-important de recompenſer quand ils le meritent afin de les affermir par cette voye dans voſtre ſeruice, & de les rendre d'autãt plus fideles enuers vous, que c'eſt de vous qu'ils ſe promettent de faire ou d'agrandir leur fortune; & ceux qui n'ont beſoin ny de l'vn, ny de l'autre, ſe ſentent extremement obligez de receuoir de voſtre part en don la moindre de toutes les recompenſes qu'il ne faut iamais refuſer à vne belle action. La Grèce & Rome, qui ont eſté des Republiques fort bien reglées, en ont vsé de la sorte: on y a dressé des statuës, esleué des pyramides, institué des ieux & des réioüissances publiques, en reconnoissance aux Heros & aux grands Hommes d'Estat qui auoient bien seruy leur patrie. Rome encore foible & dans l'impuissance de faire des grandes liberalitez, ne voulut pas laisser sans recompense, ny Cocles, ny Mutius Sceuola, ausquels le public assigna vne petite portion de terre de la grandeur qu'il faut pour y ensemenser vne mesure de bled, en veuë dequoy l'vn s'estoit laissé tailler en pieces à la garde d'vn pont, & pource que l'autre auoitbruslé sa main, de l'indignation qu'il conceut d'auoir failly à mettre à mort Porsenna capital ennemy des Romains. Si c'est vne necessité de recompenser les seruices ou les belles actions de vos sujets, il est encore tres important de ne differer point les recompenses, & de les sçauoir distribuer en vn temps fauorable, & de les proportionner à la condition de ceux en faueur de qui vous les distribuez; d'antant qu'vn bienfait, qui n'accommode guiere l'vn, seroit tres-profitable à vn autre; & ce qui luy seruiroit extremement en vn temps luy sera fort peu vtile en vn autre. Vostre prudence, Prince, vous aduertira à prendre garde à toutes ces choses qu'il ne faut point negliger à cause de l'importance dont elles sont; c'est vne grande tache à la reputation d'vn Prince de passer pour ingrat; & quoy que dans mon sentiment vn Souuerain ne doiue rien à ses sujets pour des seruices rendus, le peuple ne laisse pas de l'accuser d'ingratitude, quand ils ne sont pas reconnus. Il se refroidit dans le zele qu'il doit auoir pour ses interests; il gronde contre son authorité, qu'il iuge estre mal exercée; il s'irrite contre sa grandeur, qui se tient toute renfermée au dedans sans se respandre au dehors; il se rend ialoux de tant de biens qu'il possede, dont il le croit indigne, quand il voit qu'il ne sçait pas en faire de liberalitez, au moins de ce qui luy est superflu; mais vn Prince peut aisément se parer contre tous ces inconueniens, quand il s'agit des seruices communs à qui il faut donner quelque recompense. Il y a tant de charges, tant d'emplois, tant d'occupations, tant de titres d'honneur dans vn Estat, qui peuuent passer pour des recõpenses, qu'vn Souuerain peut facilement par cette voye là n'en laisser pas eschaper aucun sans quelque témoignage de gratitude, & par là se monstrer en tout reconnoissant: Il y a vne seule rencontre qui vous peut mettre extremement en peine, & qui vous peut exposer au danger de passer pour vn ingrat; c'est lors qu'vn grand Heros, ou quelque grand Conquerant, chargé de lauriers, les mains pleines de palmes, la teste enuironnée de couronnes, vient apporter aux pieds de son Souuerain, des Villes & des Prouinces entieres soumises à son obeïssance; c'est lors qu'il voit à regret toutes ces conquestes qu'il ne possede qu'à la faueur d'vn bras emprunté. Il s'irrite de voir son Estat agrandi par les fatigues, & par les soins d'vn autre, dont il ne se peut attribuer la gloire, sans en despoüiller le legitime possesseur.

Cet inconuenient n'est pas sans remede pourtãt; il faut, Prince, à l'imitation des premiers Emp. Romains, & de tous les grands Hommes, qu'vn Souuerain se monstre luy mesme en personne à la teste de son armée, & qu'il fasse reconnoistre à tout le monde que sa generosité & son adresse doiuent estre les artisans de sa bonne fortune: par là il ferme la bouche à toutes les cenſures, qu'autrement on feroit de luy, s'il commettoit le ſoin de la guerre à quelque Capitaine qui en eut l'entiere diſpoſition, cependant que luy viuroit dans les delices de ſa Cour. Sa ſeule preſence luy acquerra la gloire de toutes les belles actions qui s'y feront, laquelle il ne faudra point qu'il partage auec perſonne; il la poſſedera toute entiere, & ne déura qu'à ſoy-meſme le bonheur de la victoire, s'il vient à la remporter; & dans le calme que luy donnera le bon ſuccez de ſes armes, il aura le loiſir de faire reflection ſur la conduite de ſes Chefs & ſur le courage de ſes plus braues ſoldats, affin de ſe monſtrer enuers tous reconnoiſſant, donnant quelque gratification à leurs trauaux. De cette façon, Prince, vous eſuiterez le danger de paroiſtre ingrat, & vous vous acquerrez la reputation de vous monſtrer par tout reconnoiſſant & capable de ſouffrir les accuſations & empeſcher les calomnies dans voſtre Eſtat.

Qu'vn Prince doit souffrir les accusations & empescher les calomnies dans son Estat.

CHAPITRE XVI.

PRINCE, vn Estat est vn Corps qui ne se trouue iamais sain en toutes ses parties ; les symptomes qui l'assaillent sont de deux differentes façons, les vns vont à esbranler tout le corps, & ce sont les coniurations des sujets contre leur Souuerain; les autres vont à destruire quelqu'vne de ses parties, & ce sont les iniustices que les particuliers commettent les vns contre les autres dans vn Estat qui est appellé vn corps par rapport au corps humain, à cause de la subordination qu'il y a entre les personnes qui le composent ; mais quelque analogie qu'il y ait entre vn corps politique & le corps humain, il faut aduoüer qu'il y a de tres-grandes differences qui les rendent fort dissemblables. L'adresse d'vn Docteur, vne ſeignée faite bien à propos, vne boiſſon priſe en ſon temps, ſont ſuffiſantes pour rendre la ſanté à vn homme en moins de quatre ou cinq iours, & de remettre les quatre humeurs dans vn iuſte temperament: mais la plus petite des maladies qui attaquent vn Eſtat ne ſe guerit qu'auec vne longue ſuite de temps & vne vigilance touſiours agiſſante: bien ſouuent elle a gaſté tout le corps ou quelqu'vne de ſes parties, auant qu'elle ſoit connuë: on n'en a pas ſi toſt eſtouffé vne, qu'on en voit renaiſtre vne autre, & l'eſtenduë de ce corps en ſouffre pluſieurs tout à la fois, à cauſe de tant de differentes humeurs dont il eſt remply. On n'a pas icy à combatre les ardeurs de la bile, l'intemperie du ſang, l'humidité eſchauffée du flegme, ou à purifier la qualité terreſtre de la melancolie; mais on a à combatre vn mõſtre deffectueux en la pluſpart de ſes parties; on a à faire à vn Hydre qui pouſſe autant de teſtes qu'on luy en auale, & il faut eſtre touſiours dans l'action pour conſeruer la ſanté à vn corps Politique. La Iuſtice doit eſtre touſiours armée pour arreſter les meurtres, les parricides, les inceſtes, les adulteres, les concutions, les rapines, & tant d'autres sortes de maladies qui agitent continuellement vn Estat, ausquelles vn Prince ne sçauroit remedier plus efficacement, qu'en donnant lieu aux accusations, & establissant des Iuges qui ayent vne authorité souueraine pour les receuoir & les vuider en dernier ressort : outre qu'vn Prince ne doit iamais punir ses suiets, que par l'entremise de ses agents ; il ne peut pas estre present par tout son Estat, il n'a pas la veuë assez penetrante pour voir tout ce qui s'y pratique, ny l'ouye assez forte pour receuoir tout ce qui s'y passe, il a besoin des Lieutenans qui exercent de sa part la Iustice aux quatre coins de son Estat, qui reçoiuent les plaintes de ses suiets, qui veillent tousiours pour les entretenir en la plus grande vnion qu'il se pourra faire, qui arrestent les reuoltes, qui estouffent les seditions, & qui punissent auec seuerité toute sorte de crimes qui vont à la ruine de l'Estat; mais vne punition suppose vn iugement, & vn iugemét est fondé sur des accusations qu'il faut rendre familieres & les permettre auec toute sorte de liberté à vos sujets. Par là le peuple se trouue desarmé, ne pouuant pas luy mesme se faire iustice des iniures qui luy sont faites, il se voit sousmis à des Iuges contre l'authorité desquels il n'ose rien entreprendre, & desquels il espere vn heureux succez dans l'equité de sa cause; les fougues populaires tousiours dangereuses sont esmoussées; les personnes qui aiment l'hõneur, de crainte d'imprimer quelque tache à leur reputation, par des accusations qu'on pourroit former contre eux, se contentent de viure dans le repos de leurs familles, sans auoir le courage de rien attenter qui choque les interests du Prince. Ceux qui tournent toutes leurs pensées à s'agrandir par l'acquisition des richesses, craignent de les perdre, s'ils venoient à former quelque dessein preiudiciable à l'Estat, qui sans doute seroit bien-tost reuelé par les accusateurs qui en auroient connoissance: ceux qui possedent des grandes charges, aiment bien mieux les conseruer en repos, que de s'exposer à vn peril euident de les perdre, par quelque entreprise qui fut desauantageuse au bien commun; enfin tout le monde se tient sur ses gardes, & quand le peuple ne se rangeroit pas à son deuoir par l'obligation que luy impose l'amour naturel qu'il doit porter à son Prince, il se voit arresté par la crainte qu'il a d'estre deferé deuant des Magistrats qui ont tousiours les mains armées pour punir les crimes. Quel desordre & quelle confusion verriez-vous, Prince, parmy vos sujets, s'ils pouuoient commettre ouuertement leurs iniustices, sans aprehender qu'elles fussent reuelées ny punies, ou si tous les particuliers se pouuoient rendre les iuges & les arbitres en leurs propres causes? Vos Villes seroient partagées par des differends partis qui s'y formeroient, elles se verroient tous les iours teintes du sang de ses propres habitans; les Prouinces armeroient les vnes contre les autres, & vostre Estat ainsi diuisé seroit d'vne fort petite durée. Si Rome n'auoit pourueu à cet inconuenien , par le remede que ie viens de vous proposer, elle se fut veuë despoüillée de cette grande puissance qui l'a renduë la terreur de toutes les nations de la terre. Elle auoit si bien pourueu des Iuges pour regler tous les differents qui pouuoient suruenir dans cette Republique, qu'il n'y auoit point de crime qui demeurat inconu ou impuni. Par ce moyen les seditions populaires estoient arrestées, & l'authotité de la Noblesse Romaine estoit bridée, afin qu'elle n'offẽçat point le peuple qui auoit vne inimitié irreconciliable contre elle. Ces deux Estats, quelque antipatie qu'il y eust entre eux, ont esté long-temps conseruẽs en paix par l'authorité des Tribuns qui connoissoient des causes du peuple Romain, dont ils estoient les protecteurs, lors que Coriolant qui estoit du corps de la Noblesse, se fut monstré contraire à l'authorité que le peuple auoit dans Rome: c'en estoit fait de luy, & desia il y auoit dessein sur sa vie, si les Tribuns ne l'eussent cité pour comparoistre deuant eux, pour respondre à ce qui luy estoit obiecté. Cette assignation esteignit tout aussi-tost la fougue de ce peuple irrité, & Rome se vit par ce secours de Politique à couuert d'vn orage qui la menassoit de sa ruine. Bien que les sentimens de Coriolan fussent equitables, puis qu'ils alloient à abbatre vn peu l'authorité du peuple, tousiours fascheuse & importune dans vn Estat, la iustice de sa cause n'estoit point capable de le faire eschapper à sa fureur qui commençoit á se fortifier beaucoup, si le credit du Magistrat ne s'y fut opposé. Mais, Prince, prenez garde qu'en donnant vn libre cours aux accuſations, la malice de vos ſujets ne les faſſent degenerer en calomnies, dont les effects ſont auſſi preiudiciables à vn Eſtat que ceux des accuſations legitimes ſont ſalutaires; l'accuſation tend à faire punir le crime, mais la calomnie va à opprimer l'innocence que vous deuez par tout proteger auec vn zele aueugle, qui n'ait aucune conſideration à quelque qualité des perſonnes que ce ſoit. Quād la vertu eſt perſecutée, les bons ſe rebutent de l'exercice de la pieté, & les meſchans ſe fortifient dans leurs malices, & enfin tout le monde ſe licentie à des deſordres qui cauſent vne horrible confuſion dans vn Eſtat. On n'y voit que des vſures, des rapines, & des concuſſions; les plus grands mangent les plus petits qu'ils rendent criminels au gré de la calomnie; les Seigneurs deſpoüillent leurs vaſſaux de leurs biens, ſous pretexte d'vn crime imaginaire que la calomnie fait paroiſtre appuyée de la puiſſance, comme vne choſe la plus notoire du monde, & il n'eſt point d'innocence ſi grande qui eſchappe aux perſecutions de la calomnie ſecondée du pouuoir. Tous les iours on y voit les priſons remplies des debiteurs qui ont payé; les amendes ſont pour les malheureux, & non pas pour les coupables; & la pluſpart des punitions tombent ſur les pauures innocents, & non pas ſur les riches criminels. Prince, apprehendez que la voix d'vn ſang innocent que vous aurez mal protegé ne demande vengeance contre vous deuant le throſne du Dieu viuant : craignez que cette veufue qui tourne toutes ſes penſées à la vertu, que cet orphelin touſiours occupé à deplorer ſon malheur, que ce pauure païſan qui vit à la ſueur de ſon front, que ce bon Bourgeois qui s'entretient dans le repos de ſa famille, craignant & ſeruant Dieu, leſquels vous aurez mal deffendus, ne changent tous leurs membres en autant de langues qui vous accuſent deuant Dieu du peu de protection que vous leur auez donné. Sçachez que Dieu qui eſt l'Agneau ſans taçhe, ſe rend touſiours le protecteur des innocents perſecutez; & qu'il eſt de voſtre deuoir de ſuiure ſon exemple, puisque vous eſtes ſon image & ſon Lieutenant ſur la terre. Quand vous ſçaurez ſouffrir les accuſations & punir les calomnies, vous apprendrez à eſcarter les flateurs de vos conſeils.

Qu'vn

Qu'vn Prince doit escarter de ses Conseils les flateurs.

CHAPITRE XVII.

PRINCE, tous les Politiques s'accordent en ce poinct, que les flateurs sont extremement preiudiciables à vn Estat, & que difficilement s'en peut on garder, pource que la Cour des Grands en est toute remplie, & qu'il n'y a rien de si chatoüilleux que la flatterie, à canse de la complaisance naturelle qui est en nous, de faire paroistre les bonnes qualitez que nous possedons, & en suite d'en receuoir quelque applaudissement. Ils disent que les médisans & calomniateurs sont des bestes sauuages, mais les flateurs sont des bestes priuées & domestiques, & comme il est bien plus facile de se garder de la morsure d'vn Loup, ou d'vn Sanglier, que de la piqueure d'vne Puce ou d'vne Mouche, aussi peut-on plus facilement se defaire de l'effronterie des médiſans, que de la cajolerie des flatteurs, leſquels ils appellent des peſtes & des maladies contagieuſes qui s'atttachent au chef, lequel eſtant gaſté dans ſes ſentimẽs, reſpand des ſymptomes ſi violens dans tout le corps, qu'il le met dans vne defaillance extreme ; & comme cette maladie eſt beaucoup preſſante, auſſi donnent ils des remedes extremement violens. Ils ne trouuent preſque point d'autre moyen plus general, que de faire paroiſtre que le Prince veut que chaſcun prenne la liberté de luy dire la verité, sãs aucun meſlãge de diſſimulatiõ; mais ie trouue que cette grãde licence luy ſeroit iniurieuſe & qu'elle tourneroit à ſon meſpris, pource que ſi tous les ſuiets ſe licentioient à dire ouuertement & franchement leurs ſentimens au Souuerain, cette facilité que le Prince auroit de les entendre le feroit infailliblement meſpriſer. De plus d'autant que les flateurs ſont touſiours médiſans quand ils ſe trouuent rebutez, il eſt perilleux de ſe declarer leur ennemi ouuert; car d'abord ils tournent leurs flateries en des médiſances qui vont à fleſtrir la reputation du Prince ; deſquels il faut pourtant ſe defaire, Prince, puis qu'il eſt tres perilleux de nourrir leur cõmerce dans vostre Cour, où vous deuez faire la distinction des vrays Courtisans d'auec les flateurs infames. Ceux-là se contentent de tenir compagnie au Prince, d'obseruer ses humeurs & de les suiure, de regarder dans ses yeux, affin de voir à quoy il se plaist, pour s'y porter auec toute sorte de complaisance; & tous leurs soins vont à seruir le Prince dans ses diuertissemens, sans s'ingerer dans les affaires d'Estat, s'ils n'en sont requis: mais ceux-cy s'estudient d'abord à gagner son oreille pour l'informer de cent choses qui seroit bõ qu'elles luy fussent incõnuës. Ils font cent bassesses pour faire parade d'vne affection feinte & dissimulée, qui se tourne tousiours vers leurs interests, & non pas au bien du Prince, pour le seruice duquel ils semblent pleins de zele, bien qu'en effet ils en soient fort vuides. Ce sont des cloches dont l'harmonie se passe tout aussi-tost; ou bien de ces feux qui s'allument dans l'air, qui n'ont qu'vn moment de durée. Ils sont tousiours occupez à luy inspirer des hautes entreprises, & à luy donner des ouuertures pour des desseins fort genereux; mais c'est sans luy fournir les moyens d'y reüssir, parce qu'effectiuement leur intention eſt de flatter le Prince, & non pas de ſoigner ſon agrandiſſement, qu'ils n'enuiſagent qu'au trauers de leurs intereſts. Ils luy perſuadent qu'il peut tout, & que ſon authorité ne doit point auoir d'autre regle qu'vne volonté ſouueraine; qu'il peut ſe licentier ouuertement à tout ce qui eſt de ſes plaiſirs, & qu'il a vn plein pouuoir de faire tout ce qui luy plaira. Ce ſont là les Conſeils que la flatterie inſpire dans le cœur d'vn Prince, qui ſe trouuant obſedé de cette peſte, ſe precipite en mille malheurs, d'où le Conſeil ſeul des Sages le peut retirer. Non, Prince, il n'y a que ce ſeul moyen qui puiſſe vous mettre à couuert des flateurs; il faut choiſir pour voſtre Conſeil vn nombre de perſonnes qui ſoient bien entenduës és affaires, qui ſoient entiers, & qui aiment la Iuſtice, auſquels ſeuls vous deuez donner la liberté de vous parler franchement; mais ſeulement lors qu'ils en ſeront requis. Eſcoutez volontiers leurs aduis, conſultez les ſur toutes choſes, informez-vous de leurs ſentimens ſur les moindres affaires, & donnez leur à connoiſtre qu'ils ſeront d'autant mieux venus aupres de vous, qu'ils vous parleront auec franchise. Ne soyez iamais si fort obstiné dans vos propres sentimens, que vous n'ayez tousiours les oreilles ouuertes pour escouter les aduis de ceux qui composent vostre Conseil : executez promptement & hardiment toutes les resolutions que vous y aurez ; d'autant que si l'on remarque en vous quelque irresolution, & si on vous voit changer ou chanceler sur la diuersité des Conseils que vous receuez, vous vous exposerez aux persecutions des flateurs, & vous donnerez vne basse estime de vostre personne qui se doit monstrer par tout genereuse. Il n'est rien de si auantageux à vn Prince, que de se conseiller des personnes sages lorsque la necessité le requiert, sans qu'il doiue pourtant donner la liberté à aucun de luy prester ce secours, que lors qu'on l'exigera de luy. Il doit demander beaucoup en ce qui regarde le bon ordre de son Estat, & se monstrer patient à escouter la verité des choses dont il veut estre informé ; iusques à se tesmoigner fasché quand il remarque qu'on ne veut pas la luy découurir, pour quelque respect qu'on a de luy. Vn Prince ne choque point sa reputation, & on ne l'estime pas moins sage, pour se soûmettre aux aduis de son Conseil, dans lequel il preside, & où il fait eslection des resolutions qui luy semblent les plus auantageuses pour le soustien & pour l'agrandissement de son Estat ; car c'est vne chose tres-certaine, que si vn Prince n'est pas prudent & sage de soy mesme, malaisément peut-il estre bien conseillé, pource qu'il a faute de lumiere pour sçauoir faire la distinction de tant de diuers conseils qu'il reçoit : Et dans cette rencontre il n'est point d'autre moyen plus conuenable, que de se ietter entre les bras d'vn seul homme qui soit tres prudent, à qui il remette le soin & le gouuernement de tout son Estat ; mais c'est vn remede violent & perilleux, parce qu'enfin il s'aquerra vne si grande authorité, il amassera tant de forces, qu'il se verra en estat de donner la loy à celuy de qui il la receuoit. Les Histoires sont pleines de ces exemples, & celles de nostre France nous en fournissent beaucoup en la personne des Maires du Palais, qui bien souuent de l'estat de vassal ont passé à celuy de Souuerain, & ont arraché le Sceptre des mains de leur Prince, pour en orner les leurs propres : de sorte que toutes choses estant bien examinées, il n'eſt point de maxime plus aſſurée pour vn Prince qui ſe veut mettre à couuert des pourſuites des flateurs, & qui eſt ialoux de ſon authorité, que de ſe former vn bon Conſeil de perſonnes ſages & entieres, de qui il puiſſe receuoir les lumieres neceſſaires dans les choſes douteuſes, & à qui il donne la liberté de luy parler auec franchiſe, ſeulement lors qu'ils en ſeront requiſes, ſans ſe ſoûmettre à pas-vn de leurs aduis, qu'autant qu'il verra eſtre neceſſaire. Par ce moyen il deſcouragera les flateurs à luy vouloir rien perſuader, & il conſeruera ſon authorité toute entiere, laquelle doit donner le branle à toutes les entrepriſes qui ſe formeront dans ſon Conſeil, où il puiſera les lumieres qui luy ſont neceſſaires pour ſçauoir la façon de laquelle il doit garder la foy donnée.

S'il est bon qu'vn Prince garde la foy donnée.

CHAPITRE XVIII.

PRINCE, la parole d'vn Souuerain deuroit certainement estre irreuocable, principalement dans les affaires importantes, qui ne sont resoluës qu'apres vn seuere examen fait dans son Conseil. En cela il imiteroit la conduite de Dieu, qui est tousiours inuariable ; ou la nature des Anges, qui s'attachent irreuocablement à leur obiet. De la generosité, qui doit estre vne qualité naturelle à vn Prince, naist la fermeté de ses promesses ; & vne ame genereuse croit se soüiller, quand elle viole la foy donnée. La maxime la plus commune, qui est generalement receuë de toutes les conditions des hommes qui se piquent d'honneur, c'est de ne manquer iamais à leur parole, pource qu'il semble que le changement d'vne resolution connuë, imprime quelque tache de legereté & d'inconstance à vne ame noble ; & bien que l'esprit des mortels soit extremement leger, il n'y en a presque point qui ne se pique d'vne fermeté tres grande ; d'autant que tout le monde s'appuye volontiers en vne personne dont on connoist les resolutions constantes. On iuge de luy qu'il est capable de tout entreprendre, qu'il est au dessus de la legereté du sort ; & que de prendre parti aupres de luy, c'est vne chose tres-auantageuse, pource qu'on se persuade de n'estre iamais abandonné de celuy qui fait profession de constance & de loyauté. I'aduouë qu'il seroit expedient à vn Prince de se regler par ces sentimens, mais la malice du siecle ne le permet pas. On voit auiourd'huy que les plus grands Princes ont changé leur foy en fourberie, que l'agrandissement ou la conseruation de leurs Estats dépend de la fourberie, & que leurs grandes entreprises ne reüssissent que par là. Vn Prince doit suiure la constitution du temps, & non pas les maximes du commun des hommes, qui sont trop foibles pour bien regler les Monarchies, quand on les accompagne de trop de sincerité. Souuent la necessité ou la ruine euidente quimenasse vn Estat, oblige vn Prince à faire des accords qui luy sont iniurieux; mais ces motifs leuez, il faut qu'il se remette sur ses premieres traces, qu'il renouuelle ses entreprises, & qu'il fasse paroistre qu'il a trop de generosité pour se soûmettre à des cõuentions qui l'incommodent, & qui n'ont iamais eu son approbation, qu'autant que la necessité l'a voulu.

Vn Souuerain qui est au dessus des loix doit auoir autãt de priuilege qu'vn mineur, qu'elles releuẽt de toutes les obligatiõs que ses tuteurs ont contracté à son desauantage. Si tous les Monarques se regloient par des sentimens raisonnables; la loy naturelle, celle qu'on appelle ciuile, celle que le droict des gens a introduite, qui sont les armes des hommes, suffiroiẽt pour pacifier les desordres de tous les Empires; mais pource qu'elles sont mesprisées, & qu'elles n'ont plus d'authorité sur les testes couronnées, il faut auoir recours à la force, qui sont les armes des bestes; & ie suis du sentiment de celuy qui veut qu'vn Prince sçache bien faire la beste & l'homme tout ensemble, qu'il se reueste de la nature du Lion pour se monstrer par tout genereux,

& de celle de Renard pour se desrober à toutes les entreprises qui se trament contre luy. Cette maxime est authorisée par l'antiquité, qui a donné la conduite d'Achille à vn Centaure qui luy enseignat les fonctions de la beste, à mesme temps qu'il luy remonstroit celles de l'homme, luy qui participoit de toutes les deux. Ce n'est pas vne petite affaire de sçauoir bien vser des ruses du Renard, il faut vn grand esprit & vne belle experience acquise par le temps ou par la lecture des Histoires; & on doit colorer vne conduite pleine de ruses, de toute sortes de bonnes apparences, afin qu'elle ne tourne au desauantage de celuy qui en vse. Vn Prince se doit monstrer humain, docile, entier, & fort Religieux, d'autant que les hommes qui n'ont pas la veuë assez penetrante pour voir le dedans, s'arrestent seulement à ce qui est de l'exterieur; & ils ont de la peine de condamner la conduite d'vn Prince, quelque desreglement qui s'y remarque, quand ils le croyent posseder toutes les bonnes qualitez que ie viés de dire. Qu'il fourbe ses voisins, ou qu'il trompe ses ennemis, ils iugent que son adresse agit dans cette rencontre; qu'il rompe les traitez de paix les plus authentiques, ils se persuadent que c'est par des raisons tres fortes, ou qu'on ne luy garde pas tout ce qui luy a esté promis. Vne fourberie connuë de tout vn peuple, ne sera iamais approuuée: mais, Prince, quand vous serez fourbe en perfection, & que vous vous monstrerez sage & Religieux, il n'y a rien à craindre. I'ay de la peine à vous donner ces instructions; mais parce que la malice du temps & la part que ie dois prendre à vos interests, m'y obligent, ie choque mes propres sentimens qui vont à l'integrité, pour vous declarer ce qui est de vostre bien & de vostre auancement; ce que vous deuriez faire, & non pas ce que vous deuez estre. Si dans la guerre la ruse sert bien plus que la force des armes, pourquoy n'en peut-on pas vser dans les autres affaires qui regardent la Police d'vn Estat? Souuenez-vous que François le Grand a esté accueilly de mille disgraces, pource que sa sincerité estoit ioüée par les ruses de Charles Quint, Empereur des Romains & Roy des Espagnes, qui s'est veu vne Couronne Imperiale sur la teste, & vn Sceptre Royal dans la main; non pas pour eſtre plus genereux que ſon Competiteur, mais bien pour n'auoir pas eſté ſi ſincere que luy. Auiourd'huy pour eſtre vn grand Prince, il faut eſtre vn grand fourbe, il faut promettre cent choſes qu'on n'a pas enuie de garder, il faut faire des accueils fauorables à celuy qu'on a deſſein de perdre; & enfin il ne faut rien entreprendre où la tromperie n'ait lieu, puis que les hommes ſont reduits à cette extremité de malice, que les plus ruſez paſſent pour les mieux faits & pour les plus ſages, & qui en effet font mieux toutes leurs affaires, ſoit Politiques, ſoit Militaires, deſquelles ie vais vous entretenir, paſſant des maximes de la Politique dans les emplois de la guerre.

Qu'vn Prince doit entretenir les ordres de la Guerre, mesme en vn temps de paix.

CHAPITRE XIX.

PRINCE, à proprement parler, les Estats sont des vsurpations faites par la violence des armes sur les peuples, qui au cõmencement auoient accoustumé de viure libres, & de regner chacun dans les limites de ses propres terres; il n'y a que la prescription du temps qui les puisse iustifier & les mettre au rang des legitimes possessions: mais d'autant que les Puissances souueraines se voyent independantes & au dessus de toutes les loix ciuiles, elles enuisagent les païs de leurs voisins, comme des terres de conqueste, sur lesquels elles croyoient auoir autant de droict que ceux mesmes qui les possedent; & qu'il leur est permis de se seruir des mesmes moyens pour les conquerir, desquels ceux qui y exercent leur empire, ont autrefois vſé. C'eſt pourquoy nous voyons ſi ſouuent les Princes armer les vns contre les autres, & les Eſtats ſe conſeruer ſi peu de temps en paix ; comme ſi le principe qui les a fait naiſtre, qui eſt la force des armes, laquelle a deſpoüillé les peuples de leur liberté naturelle, influoit touſiours à la conſeruation ou agrandiſſement de l'vn, par la ruine, ou par la defaillance de l'autre. Il ne faut donc point s'eſtonner ſi les alliances des Princes ſont d'vne ſi petite durée; ſi la paix qu'ils font enſẽble ſe rompt à la premiere occaſion ; & ſi leurs amitiez ſe ruinent, ſi toſt que la fortune ſemble changer. Ils ne reconnoiſſent point des Iuges pour vuider leurs differents, & tous ſe perſuadent qu'il leur eſt permis de poſſeder les terres ſur leſquelles ils peuuent eſtendre leurs conqueſtes ou la violence de leurs armes. Nous auons veu dans les quatre premieres Monarchies, que la ruine de l'vne a eſté la naiſſance de l'autre ; iuſques à ce que la Republique de Rome s'eſtant affoiblie par ſa propre grandeur, elle s'eſt veuë partagée par tant de nations eſtrangeres qui en ont occupé chacune vne partie. De cette ruine ſont ſortis les Royaumes de France, d'Espagne, d'Angleterre, & tant de petits Souuerains respandus dans l'Italie, & aux quatre coins de la terre; qui suiuant l'exemple de ceux qui les ont precedés, sont tousiours aux aguets pour se surprendre les vns les autres. De là, Prince, vient la necessité que vous auez de vous tenir tousiours sur vos gardes sans vous fier à la foy des autres Princes, qui ne la gardent que par interest, & tandis qu'ils n'ont point d'occasion de la rompre; & le veritable moyen pour vous assurer contre leur violence, c'est que dans la paix la plus profonde dont vous ioüissiez, il faut entretenir les ordres de la milice, & exercer vostre peuple dans les exercices de la guerre, sans les laisser endormir dans vne oysiueté qui les rende inhabiles à sçauoir manier les armes quand vous en aurez besoin. Pour cet effet instituez des festes & des ieux publics, qui les exercent dans toutes les Villes de vostre Estat; assignez des recompenses à ceux qui seront iugez les plus adroits, affin de piquer les autres à se perfectionner dans le mestier de Mars; rendez vous vous-mesme spectateur de leurs actions, dont il faut tesmoigner vne complaisance extraordinaire. Que

si

si quelqu'vn se fait remarquer par dessus les autres, faites esclatter son adresse par tout pour inciter les autres à l'imiter; par là vous vous verrez tousiours en posture de pouuoir porter des armes defensiues & offensiues, sans qu'il soit necessaire que vous ayez recours ailleurs pour emprunter des troupes auxiliaires, qui sont le plus souuent preiudiciables à vn Estat; d'autant que des soldats empruntez & sousmis à la conduite des Capitaines de celuy qui vous les enuoye, ne sont iamais tout à fait à vostre disposition: s'ils combattent, c'est plustost pour leur interest propre, que non pas pour celuy en faueur de qui ils sont mandez; & il est à craindre que se voyans victorieux dans quelque occasion, ils ne tournent les armes contre luy, soit par la malice du Prince qui les enuoye, soit par leur propre ambition qui les aueugle, & qui leur fait perdre toute sorte de respect. Nous en trouuons vn celebre exemple chez les Romains. Le Senat tousiours protecteur de ses alliez auoit enuoyé vne armée à Capouë, assaillie par les Semnites, laquelle auec ce secours les mit en deroute, & en mesme temps se vit deliurée de leurs pourſuites; mais afin que le païs ne ſe vit encore expoſé à la furie de quelque nouuelle guerre, les Romains y laiſſerent deux legions pour ſa deffence, leſquelles charmées de la douceur & des commoditez de cette contrée, commencerent à gouſter vne demeure ſi delicieuſe, & ayant oublié l'amour de la patrie, & le reſpect deû à Rome, formerent le deſſein de ſe rendre maiſtres du païs, iugeant que les habitans naturels eſtoient indignes de le poſſeder, puis qu'ils n'auoient pas eu aſſez de vertu de le defendre eux-meſmes, ſans vn ſecours eſtranger; & ſi le Senat n'y eut pourueu en diligence, cette entrepriſe deſia tramée leur eut reüſſi ſans doute, & Capouë ſe fut veuë opprimée par ceux qui faiſoient profeſſion de la defendre legitimement, qui ſe perſuadoient de pouuoir s'emparer d'vne terre, dont ils auoient eſté les defenſeurs, & qui deuoit ſa conſeruation à la force de leurs armes. Dans mon ſentiment c'eſt manquer de prudence & de Politique, d'emprunter vn ſecours eſtranger, ſur qui on n'a aucune authorité; d'autant que c'eſt ſe ſoûmettre à leur diſcretion, & vn Prince a fort mauuaiſe grace de vouloir occuper les terres de ſon voiſin, par vne aide empruntée ſans laquelle il ne ſçauroit les conſeruer: c'eſt s'expoſer à la rage de ſes ennemis, qui dans l'abſence de ſes forces mandiées, ne manqueront point de l'aſſaillir auec plus de violence qu'ils n'ont iamais fait; & vne conuention pour deſauantageuſe qu'elle ſoit, luy ſera touſiours plus glorieuſe, qu'vne victoire remportée par des armes qui ne luy appartiennent pas. Par tout où il y a des hommes, on en peut faire des ſoldats ſans qu'il ſoit neceſſaire d'appeller vne nation eſtrangere dans l'Eſtat; c'eſt vn des grands eſcueils qui puiſſent eſtre pour ſa ruine, & il ne faut que lire les Hiſtoires pour y remarquer des exemples tres-funeſtes ſur ce ſujet. N'eſt-ce pas par ce moyen que les Goths ſe ſont emparez des Eſpagnes, & les Vvandales de l'Afrique? N'a-ce pas eſté vn chemin ouuert aux Huns pour venir ſaccager Rome? aux Oſtrogoths pour occuper vne partie de l'Italie? & aux Viſigoths les plus belles Prouinces des Gaules? Tullus Roy des Romains, en vſa d'vne autre façon, lors que montant ſur le throſne aprés vne paix qui auoit laiſſé Rome dans vn repos de quarantes années entieres; ce ſage Prince ſe formant le deſſein d'vne guerre, il n'appella ny les Semnites, ny ceux de Toſcane, ny d'autres qui fuſſent aguerris par le continuel exercice des armes, mais il ſe contenta de ſe ſeruir de ſes propres hommes, qu'il rendit en fort peu de temps des braues ſoldats. Et dans les dernieres guerres d'Angleterre & de France, le Roy de la Grand' Bretagne voulant attaquer vn Royaume plein de ſages Capitaines & de ſoldats genereux, exercez aux armes dans les guerres continuelles d'Italie, n'emprunta point vn ſecours eſtranger; & bien que ſon Royaume eut ioüi d'vne paix de trente ans, qu'il ſe vit deſpourueu de chef & de combattans, ſi eſt ce qu'il ne balança point d'entreprendre la guerre ſeulement auec ſes gens propres; ce qui venoit dequoy ce Roy eſtoit vn grand Politique, & qui n'auoit iamais interrõpu les ordres de la milice dans ſon Eſtat, bien qu'il ſe trouuat dans vne profonde paix : de laquelle vn Prince ſe voyant obligé de ſortir pour entrer dans les emplois de la guerre, il doit bien prendre garde de ne iamais hazarder le bonheur de ſes victoires auec vne partie de ſes forces.

Qu'vn Prince ne doit iamais hazarder le bonheur de la victoire auec vne partie de ſes forces.

CHAPITRE XX.

PRINCE, le combat des trois Horaces, & des trois Curiaces, qui ſe lit dans Tite-Liue, duquel Tullus Roy des Romans, & Metius Roy d'Albe, faiſoient dépendre la liberté de tout vn peuple, m'a inſpiré le deſſein de vous repreſenter de quelle importance il eſt qu'vn Prince ne hazarde iamais ſa bonne fortune auec vne partie de ſes forces dans quelque rencontre que ce ſoit; & dans celle-cy ie n'ay iamais pû me perſuader que ces deux Roys euſſent vne pure intention de ceder l'vn à l'autre, par le ſuccez que les combattans d'vn parti pourroient auoir ſur l'autre. Auſſi vit-on que Metius, forcé de ſe confeſſer vaincu, & d'obeïr aux Romains, dans la premiere expedition qui ſe fit contre les Veyens, il n'oublia pas de faire ſes efforts pour les tromper, comme par vn repentir, ou plustost vn dépit d'auoir agi si temerairement, que de consigner sa liberté & celle de son peuple, entre les mains de trois de ses sujets. De quel regret n'estoit-il pas touché de voir sa Majesté Royale obscurcie, l'esclat de son throsne terny, sa Couronne abatuë, son Sceptre brisé, son Royaume destruit, & d'auoir perdu la bataille, auec ce qu'il auoit de plus pretieux, sans auoir combattu? Luy qui pouuoit resister genereusement aux Romains, qui ne faisoient que naistre; luy qui auoit assez de gens pour leur opposer en teste vne forte armée; luy qui auoit assez de force pour conseruer encore bien long-temps sa liberté, s'en vit despoüillé en moins d'vn iour, par la ruse du dernier des Horaces, qui auoit suruescu à ses freres. Tous ces malheurs ne luy sont arriuez que pour auoir choqué la maxime qui fait le titre de ce Chapitre; & ie ne pense point qu'il y ait de Sage Politique qui iuge à propos qu'vn Prince doiue iamais combatre auec vne partie de ses forces. Cet erreur se commet ordinairement dans la garde des passages, des redoutes, ou des petits forts esloignez des Villes qu'on veut conseruer. Mais sçachez, Prince, que les assaillans, ou ils negligeront vos passages gardez comme fit François le Grand, quand il alloit à la conqueste de la Lombardie, qui eut plustost passé les Alpes qu'on ne le creut arriué; ou on se fera des chemins esloignez de vos forts qu'on n'attaquera pas, comme fit le Prince d'Orange au siege du Sas du Gand, lequel laissa à part le fort Saint Antoine, que l'Espagnol estimoit vne grande defense à cette forteresse; & en cas qu'on vienne attaquer vos passages, ou vos forts gardez, difficilement pourrez-vous resister à vne armée entiere qui y engloutit d'abord ce peu de monde que vous tenez, & c'est autant de diminution & de diuersion de vos forces qui s'affoiblissent par la perte de vos gés que vous exposez à la rage de vos ennemis, d'ou reüssissét ces deux effets qui vous sont esgalemét preiudiciables; l'ennemy prend courage, il se promet vn heureux succez d'vn si bon commencement. & tout au contraire le reste de vos gens le perdent se voyans à moitié vaincus, & les peuples qui sont aux enuirons se soûmettent sans resiſtance à la deuotion des vainqueurs. Les Romains, quoy qu'ils connuſſent la peine qu'auoit Hannibal à paſſer les Alpes, qui font la ſeparation de la France & de la Lombardie, & celles qui diuiſent la Lombardie d'auec la Toſcane, ne s'amuſerent pas de l'attendre ſur les paſſages, où toutes leurs forces ne ſe pouuoient pas ramaſſer; mais comme des Politiques guerriers l'attendirent pied ferme ſur la riuiere du Theſin, & du depuis dans la pleine d'Arrezze, où leur armée auoit la liberté de combattre; car ils aimerent mieux qu'elle fut miſe en déroute en vn lieu où elle pouuoit ſe promettre la victoire, que de la conduire ſur les Alpes, où ſans doute la difficulté de l'aſſiette l'auroit ou entierement ruinée, ou extremement affoiblie. Les Villes d'Allemagne, qui ſont pour la pluſpart bien fortifiées en elles meſmes, ne s'amuſent gueres à baſtir des forts ſur les aduenuës, afin de ne point faire de diuerſion de leurs forces qu'elles tiennent au dedans pour la conſeruation de la piece principale; d'autant qu'vne bonne armée eſt ſuffiſante pour conſeruer vne Ville : que ſi elle eſt trop foible, à cet effet toutes les forterеſſes ſeront inutiles, voir preiudiciables, pource que l'ennemy les occupant, elles luy seruiront de retraitte, & d'vn lieu propre à se fortifier; & il n'y a qu'vne seule rencontre où ie les trouue de quelque vtilité, lors qu'elles sont posées sur la frontiere, particulierement sur la mer, où elles puissent faire resistance pendant quelques iours pour donner le loisir à l'armée de se ramasser toute en vn corps, afin de s'opposer aux entreprises de l'ennemy. Par tout ailleurs elles sont de nul effet, ou d'vne grande incommodité, en ce que si elles sont de peu de resistance, l'ennemy s'en empare facilement; & si elles sont bonnes & propres à resister vn long-temps, il les neglige & entre dans le païs sans se soucier de les attaquer. De là ie conclus, Prince, qu'il n'y a qu'vne bonne armée tousiours vnie & iamais partagée, soit pour garder des passages ou des forteresses, qui vous puisse donner vn heureux succez dans les affaires de la guerre: ie n'improuue pas pourtant ces pieces de campagne que les assaillans font dans le camp, où toutes les trouppes sont ramassées, ny les ouurages du dehors d'vne fortification, à la defense desquels les soldats qui ſont au dedans peuuent tous conſpirer; mais ſeulement ces forteresſes esloignées qui vous obligent à partager vos gens & les affoiblir d'autant; car c'eſt vous expoſer à perdre le bonheur de la victoire auec vne ſeule partie des forces que vous auez en main, qui ne ſont iamais plus vigoureuſes ny plus redoutables, que quand elles ſont vnies. Vous trouuerez, Prince, par la lecture des Hiſtoires, que les Romains & les Lacedemoniens, ne ſe ſont iamais occupez à baſtir loin de leurs Villes des forteresſes qu'ils ont iugé en temps de paix eſtre vne choſe inutile, & en temps de guerre preiudiciable; & ces derniers n'ont pas meſme voulu ceindre leurs Villes de murailles, pource qu'ils croyoient qu'il n'y auoit point de meilleure deffenſe que la valeur d'vne armée toute ramaſſée: mais la couſtume l'ayant emporté ſur leurs ſentimens, il eſt à propos de la ſuiure, & d'examiner en ſuite quel iugement vous deuez faire des forteresſes baſties dans les Villes.

Quel iugement vn Prince doit faire des forteresses basties dans les Villes.

CHAPITRE XXI.

PRINCE, cette instruction est vne suite de la precedente, laquelle estant bien examinée, sera trouuée aussi veritable que celle là, par tous ceux qui en voudront iuger equitablement. Ie preuois bien pourtant qu'elle aura de la peine de passer entre la pluspart des Politiques de ce temps, qui la censureront plustost que de luy donner leur approbation; mais puis qu'elle est toute pour vous, negligeons leurs sentimens, & faites moy l'honneur d'escouter les miens. La fin principale des forteresses qu'on esleue dans les Villes, est de tenir les habitans en bride & sous l'obeïssance du Prince, qui par là pretend se fortifier contre leur rebellion. Mais surquoy pouuons nous fonder la crainte que le Prince a que ses sujets se reuoltent contre luy, que sur la haine qu'ils luy portent, laquelle ne sçauroit auoir d'autre cause que ses mauuais deportemens, qui naissent ou du peu de prudence qu'il a dans son gouuernement, ou de ce qu'il se persuade qu'ē vertu d'vne forteresse il peut forcer toute vne Ville entiere à souffrir tout le mauuais traittement qu'il luy voudra faire. Vn Prince de ce naturel se rend & plus violent & plus temeraire à la veuë de cette Citadelle qui fait tout son appuy, & sur laquelle il fonde toutes ses esperances du succez mesme de ses desseins les plus iniustes : mais qu'il s'abuse estrangement, & qu'il y a bien peu d'assurance en ce qu'il se fie le plus! d'autant que de tous les moyens violens dont on peut se seruir pour arrester vn peuple, il n'y en a que deux dont on se peut promettre quelque effet; l'vn, c'est qu'à l'exemple des Romains, on ait vne armée tousiours preste pour mettre en campagne, qui estouffe la rebellion dans sa naissance, & qui aille au deuāt des desseins d'vn peuple mutiné ; l'autre, c'est de le detruire tout à fait, en le faisant passer au fil de l'espée, ou bien le separer en telle façon qu'il n'ait pas le moyen de s'assembler pour faire reuiure leur coniuration ; car de l'apauurir ou de le desarmer seulement, la haine qu'il porte au Prince luy fournira assez de moyens pour recouurer des armes, & de s'en prendre seulement aux Chefs, on les verra renaistre comme ceux de l'Hydre. Pour ce qui est des forteresses, vn peuple mutiné s'en moque, & les fait tourner au desauantage de celuy qui les tient, pource qu'appellant l'ennemy au dedans, les forces des deux partis vnies font vn double effort, auquel la meilleure Citadelle du monde ne sçauroit long-temps resister; & ie trouue qu'il n'en est point de meilleure que de s'acquerir l'amour de son peuple, en les protegeant comme fait vn Chef de famille ses domestiques, & en les cherissant comme vn pere fait ses enfans, & en ces cas vne forteresse est fort inutile dans vne Ville, pource que tandis que l'amour du Prince y viura, on n'y verra iamais naistre aucune conspiration contre son authorité : que s'il est hay, il ne luy sera pas seulement inutile, mais encore preiudiciable, par les raisons que ie viens d'alleguer, toutes fondées sur ce que la haine inspire des moyens impreueus au Prince pour secoüer le ioug de son obeïssance; & il n'est rien qu'vn peuple mal traitté n'entreprenne contre celuy dont il ſe croit offenſé. Il expoſera volontiers ſa vie & ſes biens pour ſe vanger ; & le dernier remede, c'eſt qu'il appellera l'ennemy auquel il ioindra ſes forces, pour aſſaillir ceux qui ſont deſtinez à la garde de la fortereſſe, qui n'ayant point d'autre defenſe que celle du dedãs, ne ſçauroient long-tẽps reſiſter à la fougue d'vne populace mutinée, & conduite par des Chefs qui luy viendront du party ennemy. Il y a encore vne deuxieſme raiſon de baſtir des fortereſſes dans les Villes qui n'ont pas plus de force que la precedente, c'eſt qu'à ſa faueur on ſe perſuade de pouuoir recouurer vne Ville perduë, qui ſe trouue bridée & dominée par vne Citadelle : mais par quel moyen peut-on venir à bout de ce deſſein? Pour moy, ie n'en vois point d'autre que le ſecours d'vne armée, qui vienne du dehors pour reparer la perte qu'on a faite, & ſi faut-il encore qu'elle ſoit aſſez forte pour pouuoir aſſaillir d'elle meſme ceux du dedans, quand bien il n'y auroit point de fortereſſe. Et en ce cas qui eſt-ce qui ne voit point l'inutilité de cette piece, puis que ſans elle on peut effectuer ce qu'on entreprend? Qu'on ne me dise point que le secours qu'vne forteresse peut donner à vne armée occupée à recouurer vne Ville perduë est de tres-grande consequence, car ie ne vois point par quelle raison on se doiue rien promettre des dersonnes renfermées, qui ne sçauroient vnir leurs forces auec celles qui leur viennent du dehors, & qui sont trop foibles pour faire des sorties sur le peuple; ie veux qu'ils ayent quantité d'artillerie, mais les secrets de la guerre enseignent les moyens de parer aux coups de canon, & de battre du bas d'vne Ville la batterie d'vne Citadelle, pour si eminente qu'elle soit, & par là la rendre inutile L'œconomie des Romains n'a iamais esté de bastir ces sortes de Citadelles pour s'assurer d'vne Ville où ils preuoyoient quelque apparence de reuolte; tout au contraire ils auoient accoustumé d'abattre les murailles, & de la despoüiller de toute sorte de force. Ceux qui esleuent vne forteresse au dedans d'vne Ville, pensent mettre vne espine au pied de ses habitans, & ils s'encloüent eux-mesmes; l'exemple de Louis XII. en est vne preuue toute manifeste. Son Histoire nous aduertit, qu'ayant ramassé tout ce qu'il auoit de forces pour aller assaillir Geneue, reuoltée contre sa Majesté, il la prit; & pour s'en asseurer entierement, il y fit bastir vne des plus considerables forteresses de ce temps; mais les François ayant esté chassez d'Italie elle se reuolte vne seconde fois, & Fregouse s'estant emparé de toute la contrée dependante de Geneue, vint à bout de la forteresse, laquelle il obtint par faute de viures dans l'espace de 16. mois. Apres cette action genereuse plusieurs luy conseilloient de la reseruer comme vn lieu de retraitte & vn azyle bien assuré; mais ce sage Politique connoissant que ce ne sont pas les forteresses mais bien l'amour du peuple, qui conserue l'Estat à vn Prince, la fit tout aussitost demolir: & du depuis il s'est tousiours veu paisible possesseur de cette Ville. Cent autres exemples que vous lirez dans les Histoires, vous instruiront de la verité de cette maxime, & vous feront voir combien peu d'estat il faut faire des Citadelles Nous trouuons que les Romains ne se sont iamais occupez à en faire bastir, quoy qu'à la verité i'aduouë qu'ils en ont conserué quelques-vnes desia basties; ce qui n'empesche pas qu'on ne puisse dire hardiment que generalement

ralement parlant, elles ſont plus nuiſibles que profitables, par les raiſōs que i'ay dites; & qu'en ſuitte vn Prince qui doit fonder ſon Eſtat pluſtoſt ſur l'amour de ſon peuple, que ſur ſes propres forces, doit faire fort peu d'eſtat de ces forteresſes qu'on a accouſtumé d'eſleuer dans les Villes, qui rendent ſouuent vn Souuerain mal né, inſupportable à ſes ſujets, & incapable d'vſer auec moderation des victoires que le Ciel luy donne ſur ſes ennemis.

Qu'vn Prince doit vſer ſobrement de la victoire.

CHAPITRE XXII.

PRINCE, les plus belles conqueſtes ſont ſouuent ruinées, ou beaucoup affoiblies, pour ne ſe ſçauoir pas conſeruer dans vne moderation qui les affermiſſe. Vn Conquerant qui voit toute vne nation flechir ſous le ſuccez de ſes armes, ne ſonge plus qu'à les porter plus auant, & à ſe ſoumettre de nouueaux peuples : il se flatte facilement de se faire vn beau iour dans les païs les plus esloignez, & qu'vne conqueste en appellera vne autre. Voyant des Prouinces & des Royaumes entiers estre le fruit de ses trauaux, il n'est chose au monde qu'il n'ose entreprendre, sans enuisager rien de ce qui peut s'opposer à ses forces : dans son sentiment, tout luy doit ceder, & il n'est point de nation qui luy puisse resister. I'aduouë, Prince, que les premiers succez, quād ils sōt heureux & fort extraordinaires, sont capables de releuer beaucoup le courage des Chefs & des soldats qui composent vne armée, & mesme les aueugler dans leur bonne fortune. Vne armée victorieuse est vn foudre qui dans vn moment fait vn chemin presque incroyable, & penetre dans des lieux qui sont les plus esloignez de celuy d'où elle sort : c'est vn torrent que la force des digues ne sçauroit arrester, c'est vn esclair qu'on voit paroistre dans vne nation estangere, presque au mesme temps qu'elle disparoit de son païs natal. Dans nos iours nous voyons les armes de Suede auoir vn succez si fauorable, qu'en moins de six mois le Roy Charles s'est veu le maiſtre preſque de toute la Pologne. Mais, Prince, que ces victoires ſi ſoudaines ſont dangereuſes, ſi le chef n'en ſçait pas vſer ſobrement & auec beaucoup de prudence ! Il n'y a iamais eu vn plus grand Conquerant qu'Alexandre le Grand, & ſi pourtant Quintecurſe le nous repreſente dans ſon Hiſtoire, occupé pendant quatre mois au ſiege de Tyr, pour n'auoir pas voulu receuoir cette Ville ſous ſa protection aux conditions qu'elle luy propoſoit, & enfin obligé de s'y ſoûmettre, voyant qu'elle ſeule auoit eſté capable d'arreſter le cours de ſes conqueſtes, & qu'elle luy auoit fait perdre beaucoup de nouuelles acquiſitions dans le temps qu'il s'opiniaſtroit à la forcer : mais le ſuccez des armes qui auoit aueuglé Alexandre fit le meſme effet ſur les habitans de Tyr ; ils creurent que leur Ville auantagée dans l'aſſiette, fournie de tous les appareils de guerre, & qui auoit reſiſté vn temps aſſez conſiderable aux forces de l'ennemy, pouuoit entierement ſe ſouſtraire de ſa protection & ſe conſeruer d'elle-meſme. Ce faux ſentiment leur fit reuoquer leur premier deſſein ; & enflés d'auoir reſiſté aux armes du plus grand Conquerant du monde, ſe porterẽt à cette extremité de maſſacrer les Ambaſſadeurs d'Alexandre, qui alloient vers eux pour receuoir les premieres conditions de l'accord qu'ils auoient auparauant propoſé. Cette action laſche & inhumaine irrita d'vne telle façon Alexandre, qu'ayant pris de nouuelles forces & releué ſon courage, il aſſaillit la Ville, il la prend & fait vne boucherie de tout ce qu'il y auoit au dedans: d'où ie tire cette conſequence, que ſi d'abord Alexandre auoit receu la capitulation de ceux de Tyr, il n'auroit pas perdu ny le temps, ny beaucoup d'autres conqueſtes qu'il auroit pû faire pendant qu'il eſtoit occupé au ſiege de cette Ville; & que ceux de Tyr auroient eſchappé à la fureur de leur vainquenr, s'ils euſſent ſceu ſe ſeruir bien à propos & ſobrement de leur bonheur. Mais la fortune qui eſt touſiours capricieuſe en toutes ſortes d'affaires, inſpira de faux ſentimens dans l'eſprit des deux partis pour accabler enfin la Republique de Tyr ſous ſa propre ruine. Surquoy, Prince, ie feray vne reflection aſſez agreable: C'eſt qu'en liſant les Hiſtoires, i'ay remarqué fort ſouuent qu'il y a vne certaine fatalité ou destin dans les choses humaines, que l'homme le plus sage du monde ne sçauroit esuiter; dans cette rencontre sa prudence est aueugle, ses lumieres s'esclipsent, & il se voit comme forcé d'agir contre son propre deuoir : dequoy veritablement il n'est point à blasmer, pource que les ordres du Ciel sont tousiours ineuitables & tousiours fort raisonnables. Tite-Liue nous descrit diuerses erreurs que le peuple Romain a commis, comme par vn ordre irreuocable du destin, qui se voulant ioüer de sa grande puissance, luy inspira d'enuoyer les Fauius vers les Frãçois, pour les diuertir du dessein qu'ils auoiẽt d'assaillir la Toscane. Mais ces grands hommes plus propres pour cõbattre que pour faire des harãgues, trouuãt les Frãçois aux prises auec le peuple de Toscane, s'allierent de ceux-cy, & combatirent ceux-là : dequoy la nation Françoise estant animée tourna tous ses efforts contre Rome, negligeant ses premiers ennemis. Dans cette poursuite il n'est pas croyable le peu de conduite que les Romains ont eüe; car Camillus, qui estoit le seul homme dans Rome qui pouuoit mettre ordre à cette guerre, fut enuoyé en exil. Les Romains qui dans toutes les guerres auoient accoustumé de creer vn Dictateur, n'en firent point dans celle-cy; ils se negligerent si horriblement à leuer leur milice, qu'ils eurent toutes les peines du monde, de conduire leurs trouppes iusques à dix mille de Rome pour s'opposer à la fureur Françoise; & combatirent auec tant de lascheté, que la plusspart s'enfuirent dans les terres de leurs alliez, & les autres se retirerent à Rome, où le Senat ayant pris l'espouuante se retira dans le Capitole, sans soigner autrement la Ville, & sans mesme en fermer les portes; dans laquelle les François estans entrez sans resistance, la saccagerent entierement, à la reserue du Capitole, sur lequel ils n'attenterent point, s'estans contentés d'vne certaine somme d'or qui leur fut donnée, ne voulant pas mal vser du succez de leurs armes. Mais le Ciel qui s'estoit pleu d'abbatre l'orgueil Romain, se tesmoigna dans le mesme temps fauorable à ce peuple, en ce qu'il luy mit au cœur d'enuoyer en exil Camillus, & non pas de le faire mourir, lequel seruit en suite pour releuer la gloire de Rome : il permit que la Ville fut prise, & que le Capitole fut conserué auec l'esclat du Senat, qui remit en ſuite cette ſuperbe Cité dans ſa premiere grandeur.

Mais pour remonter à la Theſe propoſée dans le Chapitre preſent, qu'il faut vſer ſobrement de la victoire; Veniſe eſt ſuffiſante pour vous perſuader la bonté de cette maxime. Il y a douze cens ans que cette Republique ſubſiſte, pour n'auoir pas ſongé de heurter les Puiſſances voiſines afin de s'agrandir : elle a eſté formée par vn tas de fugitifs qui ſe retirerent à la pointe de la mer Adriatique, par l'arriuée des nations eſtrangeres dans l'Italie, qui ruinerent toutes les Villes circonuoiſines : elle s'eſt occupée aux emplois du negoce : elle a conſerué le repos au dedans, & n'a iamais fait eſclatter beaucoup ſa force au dehors, que pour ſe defendre ou pour ſe ioindre à des partis qui luy ont eſté preſque touſiours ſalutaires. La Hollande qui eſt encore dans ſon enfance, ſe conſerue en repos & dans vn haut eſclat, pour ſe ſçauoir contenter des Prouinces & des Villes que la generoſité des Princes d'Orange ont ſoûmiſes à leur authorité; & ſi elle a refuſé de ſuiure les mouuemens genereux de ces Heros, ce n'eſt que par ce ſentiment, qu'il faut ſobrement vſer de la victoire, car elle a creu que les nouuelles conqueſtes qu'elle pourroit s'acquerir ſous la ſage conduite de ces grands Capitaines, rendroient la Republique trop voiſine de la France, dont ils connoiſſent l'humeur auſſi remuante, que genereuſe. Si Carthage apres la defaite des Romains à Cannes par Hannibal, eut ſuiui le bon ſentiment qu'vn de ſes Senateurs expoſa ſur ce ſujet, qu'il eſtoit bon de faire la paix auec ce peuple, qu'il ſuffiſoit de l'auoir vaincu, & qu'il eſtoit ſalutaire d'eſtre modeſte dans ſes victoires, elle ne ſe fut pas enfin veuë contrainte de ſe commettre à la diſcretion & à la fureur de Rome. Mais les hommes ſe forment tant de vaines eſperances, lors que la fortune leur rit, qu'il eſt bien difficile de les ranger dans vn eſtat de moderation, qui les faſſe ioüir en paix du bonheur que les armes leur ont acquis. Si la France pouuoit auiourd'huy relaſcher quelque choſe de cette humeur martialle qui l'agite, le peuple en viuroit cent fois plus content, & le Roy ſe verroit en eſtat de ioüir de ſes conqueſtes auec vne douceur qui luy donneroit le loiſir de connoiſtre l'amour & la bienueillance que ſon peuple a pour luy; & s'acquerroit l'amitié de ſes voiſins meſme, par l'eſtime qu'ils doiuent à ſa vertu.

Qu'vn Prince ſe doit acquerir l'amitiè de ſes voiſins, par l'eſtime qu'on a de ſa vertu.

CHAPITRE XXIII.

PRINCE, les amitiez qui ſe forment entre les Puiſſances Souueraînes, ſont toutes d'vne autre nature que celles qui vniſſent les cœurs des perſonnes priuées: auſſi ſe faut-il ſeruir de moyens fort differens pour ſe les acquerir; elles ſont touſiours fondées ſur des maximes d'Eſtat, & par conſequent fragiles, foibles, changeantes & intereſſées; elles ſe ruinent ſur la moindre occaſion qui paroiſt fauorable de faire des nouuelles conqueſtes & des nouueaux progrez les vns ſur les autres; & la reuolution du temps qui deuore toutes choſes, les affoiblit d'vne telle façon, qu'elles deuiennent ou ſuſpectes ou inutiles.

Vn Prince qui s'acquiert l'amitié de ses voisins, affermit par là ses frontieres; & si son Estat est bien sain dans l'interieur, il se verra le Chef d'vn corps bien conditionné en toutes ses parties : mais de tous les moyens dont vous pourez faire eslection pour reüssir dans cette rencontre, sçachez qu'il n'y en a qu'vn seul qui puisse auoir vn effet salutaire, qui est de vous soûmetre le cœur des Puissances qui vous enuironnent, par la reputation de vos armes & de vos forces. L'argent qui a vn pouuoir merueilleux en toutes choses, & duquel les plus braues de ce siecle se laissent corrompre, n'a pas assez de force; tout au contraire, vn Prince qui verra que vous vous rendez son pensionnaire, soupçonnera vostre courage, & vous croira impuissant pour resister à sa force qu'il tournera contre vous au moindre orage qui s'esleuera dans vostre Estat. Il est tousiours fort glorieux à vn Prince, & c'est vne marque de sa puissance, que d'auoir ses voisins pour tributaires: mais c'est vne lascheté, & vn signe euident de foiblesse, de se rendre leur pensionnaire. Mesme ie souhaitterois qu'vn Prince ne s'empressat iamais d'augméter son Estat auec l'argent, pource que des terres qui sont acquises auec ce metail, se defendent difficilement auec le fer; qui est l'vnique instrument qu'vn Prince genereux doit employer dans ses conquestes. Les Romains lors mesme que leur liberté s'est veuë esbranlée, par la perte de trois batailles données contre Hannibal, bien que leur thresor public fut bien assorti, ne se seruirent point dans cette rencontre de l'or ny de l'argent qu'ils auoient pour emousser la fureur de cet ennemy redoutable; & iamais ils n'ont vsé de ce moyen pour faire vne paix qu'ils auroient creu honteuse, ny pour faire des nouuelles conquestes qu'ils n'auroient pas estimé legitimes, mais ils se sont fait tous leurs voisins alliez par le seul esclat & par la seule reputation de leurs armes, & les ont forcez à vne paix glorieuse par l'estime qu'ils faisoient de leur vertu. Ie sçay bien, Prince, que ce n'est guere la maxime du siecle, dans lequel nous voyons acheter & la paix, & les alliances des Estats voisins, à beaux deniers contens: mais ne vous rendez point à vn mauuais exemple; la lascheté ou le peu de conduite de ceux qui suiuẽt cette pratique, en est la cause, qui ne doit point auoir aucune influence sur vostre esprit, lequel vous deuez tousiours tenir occupé dans des maximes nobles & genereuses qui fassent esclatter vostre reputation par tout, laquelle vous acquerra plus d'amis & plus d'alliez que tout l'or que les Indes fournissent. Vn Prince voisin d'vn Estat florissant, ne songe qu'à se le rendre amy, il redoute ses forces, il apprehende son esclat; & quoy que son amitié soit fondée sur la crainte que luy imprime l'estime qu'il a du pouuoir du Prince qui la gouuerne, il ne faut pas la mespriser; tout au contraire il en faut faire plus de cas, pource qu'estant fondée sur ce qui vous appartient, elle en est beaucoup plus ferme, que s'il y auoit quelqu'autre motif independant de vous qui la format. Dans cet Estat, Prince, vous estes capable de faire tout entreprendre à vos alliez, qui n'auront d'autre mouuement que celuy que vous leur imprimerez, qui n'oseront former des entreprises sans vous auoir consulté, & qui ne se proposeront iamais aucun dessein qui ne vous soit connu. Par là vous dominerez sur vn peuple qui ne vous est pas sujet; vous imposerez des loix à vne nation dont vous n'estes pas le maiſtre ; vous aurez autant de part dans leur Conſeil, & dans l'adminiſtration de leurs affaires, que ſi vous eſtiez leur Prince naturel ; & tout autant d'alliez que vous aurez, ce ſeront autant de Puiſſances tributaires qui rendront hommage à voſtre vertu, que vous conſeruerez dans ſon eſclat lors que vous entretiendrez les bons ordres de la milice chez vous. Vne des choſes qui me choque le plus en France, c'eſt de voir qu'vn Roy ſi puiſſant ſe rende comme tributaire des Suiſſes & des Eſcoſſois, à qui il commet la garde de ſon Corps : il y a tant de braues ſoldats, & ſi affectionnez à leur Prince, que dans mon ſentiment ce ſecours eſtranger eſt iniurieux à ſa gloire & à la fidelité de ſes ſujets. Vne Republique, ou vn Eſtat qui ne fait que naiſtre, eſt fort excuſable, de s'allier d'vn Prince puiſſant pour combattre vn ennemy commun, pource qu'elle n'a pas encore aſſez de force de ſubſiſter d'elle-meſme : mais quand elle eſt arriuée à vn degré de vigueur qui le peut ſouſtenir ſans vn aide emprunté, elle a toutes les raiſons du monde de teſmoigner qu'elle s'en peut paſſer Il y a cent fois plus de plaiſir de ſe ſouſtenir ſur ſes propres iambes que sur des eschasses, dont le secours estant empesché, vne personne se trouue dans l'impuissance de se mouuoir. Vn homme a bien plus de satisfaction de cueillir des fruits dans son iardin, que dans celuy qui ne luy appartient pas; & il est beaucoup plus noble de subsister de soy-mesme, que par vn secours estranger. C'est par ces raisons que les Philosophes estiment plus noble la substance que l'accident, & la forme que la matiere; c'est par la mesme raison que les Politiques font plus d'estime d'vn Prince dont l'esclat de ses forces le conseruent en paix dans son Estat, & le rendent redoutable à ses voisins, qu'vn autre qui ne subsiste que par la protection qu'il reçoit d'vne Puissance superieure. La dependance, Prince, vous doit estre insupportable, à laquelle pourtant vous vous exposez, lors que pour vous faire vos voisins amis, vous leur faites des auances. Entretenez vne bonne milice dans vostre Estat, tenez tousiours vos forces sur pied, & vous trouuerez infailliblement que vous serez recherché des Puissances qui ioignent à vos frontieres, lesquelles vous maistriserez par le seul esclat de vos armes. Cette façon de s'acquerir l'amitié de ſes voiſins, eſt digne d'vn grand Prince, qui ſe les ſoûmet auec vne plus grande fermeté que s'il leur faiſoit les plus riches preſens du monde. S'il forme quelque belle entrepriſe, il ſe peut promettre leur ſecours qu'ils n'oſeroiẽt luy refuſer; & s'il ſe trouue attaqué par des forces eſgales aux ſiennes, le concours de pluſieurs alliez les ruineront facilement; & ſi elles ſont ſuperieures, il les peut eſgaler par celles qu'il receura de ſes voiſins qui luy ſont amis. Ce ſont là les auantages, Prince, que vous receurez, lors que voſtre propre vertu, & non pas l'or ou l'argent, vous acquerra l'amour & l'amitié des autres Princes qui ſont vos voiſins. Lors que Rome eſtoit encore dans ſon haut eſclat, auant que des Empereurs laſches & effeminez y exerçaſſent leur authorité, on a veu conſpirer tous ſes voiſins à ſa conſeruation, pour meriter ſon amitié & ſa protection, que les Romains ne leur ont iamais refuſée comme des Sages Politiques, qui les tenoient par ce moyen occupez à garentir les pieds & les mains de ce corps illuſtre. Cependant qu'ils employoient tous leurs ſoins à conſeruer le cœur, par le bon ordre de la milice qu'ils ont touſiours entretenuë dans l'interieur de leur Estat, ils abandonnoient leurs frontieres à la garde de leurs voisins, mais ils se sont tousiours conserue celle de leur maistresse Ville, pource qu'vn corps peut bien viure encore que les pieds & mains soient attaquez de quelque maladie; mais il faut qu'il meure lors que le cœur est offencé. Tant plus Hannibal s'est approché de Rome, tant plus a t'il trouué de la resistance; & son armée qui s'est veuë triomphante sur les frontieres de l'Estat Romain, a eschoüé pour y vouloir penetrer trop auant. L'appuy que vous tirerez, Prince, de vos voisins alliez, vous donnera le loisir de vous former les veritables maximes pour vous conseruer tousiours dans vne mesme constitution.

Qu'vn

Qu'vn Prince se doit conseruer vne mesme constitution dans la bonne & dans la mauuaise fortune.

CHAPITRE XXIV.

PRINCE, ne vous persuadez pas que mon dessein soit de vous inspirer les sentimens de la Philosophie des Stoïciens, qui affectoient vne si grande indifference en toutes choses, que le plaisir & la douleur estoient esgallement bien venus dans leur escolle. Leurs maximes estoient, qu'il falloit aussi-tost estouffer vne ioye naissante, qu'esmousser la pointe d'vn ressentiment dans le cœur; & que les attraits d'vne belle fortune deuoient estre reiettez, auec la mesme liberté que l'on se defend des chagrins qu'vn malheur considerable a accoustumé de causer: mais ils ont exigé de l'homme au dela de ses forces qui sont trop foibles pour executer toutes ces ridicules speculations, qu'ils ont comprises dans leur Philosophie.

Parmy les hommes il y en a de deux sortes; les vns qui s'enflent beaucoup de la prosperité, & se laissent abattre tout à fait dans l'aduersité: les autres tiennent vn milieu qui ne leur permet pas de s'emporter dans vne ioye demesurée lors que la fortune leur rit, ny de s'abandonner à vne extreme tristesse lors qu'elle leur tourne le dos. De ces derniers il en faut encore faire deux Classes, pource que les vns agissent par stupidité, faute de sçauoir connoistre ce qui est bien, ou ce qui est mal; & les autres forment leur conduite selon les regles de la Morale qui les esclaire pour pouuoir enuisager les choses du monde d'vne façon qui soit legitime & raisonnable; & c'est la meilleure condition de toutes, pource que bien qu'vn homme qui est informé du plaisir qu'on peut receuoir dans vne esclattante fortune, & du desplaisir qui naist de se voir dans la poussiere, soit agité des mouuemens fort contraires selon que le destin luy est fauorable ou rigoureux, il se sçait surmonter soy-mesme; & s'esleuant au dessus de sa nature corrompuë par des genereux efforts qu'il fait, il sçait temperer vne complaisance vaine, & moderer vn desplaisir excessif. Comme il est plus loüable d'agir par vertu que par nature ; aussi les hommes qui sçauent se moderer dans l'vne & l'autre fortune, par les lumieres que la Morale leur inspire, sont dignes d'vne plus grande gloire, que ceux qui ne se laissent pas toucher aux prosperitez ny aux disgraces par vne insensibilité naturelle. I'estime pourtant ceux-cy plus heureux, pource qu'ils se contentent de peu, qu'ils viuent sans ambition, qu'ils ne s'embarrassent point dans le tracas des affaires, qu'ils sont satisfaits du partage que le Ciel leur a fait des biens de la fortune, & qu'ils ne s'estudient qu'à se conseruer dans leur repos domestique. Mais, Prince, vostre condition qui vous expose à tous les hazards de la fortune, est tout à fait opposée à ce genre de viure particulier ; & il n'est point de remede plus souuerain contre le caprice de cette insensée, que de vous conseruer vne esgalle constitution, tant dans la bonne que dans la mauuaise fortune. Les Romains ont esté presque tousiours vainqueurs, mais non pas inuincibles ; & lors que Hannibal les deffit à Cannes, qui fut la troisiesme deroute qu'ils souffrirent, ils ne se rebuterent point de la disgrace du sort ; tout au contraire ils armerent puissamment, & se voyant en defaut de ieunes soldats, ils choisirent des vieillards autant qu'il en falloit pour resister aux efforts de ce grand Capitaine : ce qui rendit la puissance Romaine si redoutable à Carthage, qu'il se trouua des sages Politiques dans son Senat pour conclurre à la paix, bien que la victoire se fut iettée entre les bras des Carthaginois, qui ne l'ayant pas sceu traitter auec la moderation qu'il falloit, se rangea du parti des Romains, comme nous auons dit au Chapitre 22. Cette force d'esprit, Prince, s'acquiert par vne bonne education, formée par vn Directeur qui ait les conditions dont i'ay parlé au Chapitre 2. & qui sçache vous faire enuisager le train changeant des choses qui se passent dans le monde où il n'y a rien de constant ny de nouueau. On y fait auiourd'huy toutes les mesmes choses qui se sont pratiquées dés le commencement du monde, on y trafique, on y traitte d'affaires d'Estat, on y fait la guerre, on y fait des voyages par mer & par terre; mais dans toutes ces differentes occupations, on y reçoit auiourd'huy, comme de tout temps, des disgraces & du bonheur, des presens & des rebuts de la fortune ; & comme les siecles passez ont produit de sages & d'excellens hommes qui ont sceu se mesnager dans l'vn & l'autre sort, il faut que celuy sous lequel nous viuons nous donne les mesmes auantages en vostre illustre Personne, par la pratique de cette belle maxime, qu'vn Prince se doit conseruer vne mesme constitution, dans la bonne & dans la mauuaise fortune. Tite-Liue nous represente Camille dans son Histoire, comme vn homme lequel l'esclat de la dictature n'auoit point rendu plus orgueilleux, ny la disgrace de son exil moins genereux; il se comporta par tout comme vn prudent Pilote, qui ne diminuë rien de son courage pour se voir battu de la tempeste, & qui ne s'enfle point de la prosperité du sort. Si par hazard, Prince, vous vous trouuez dans vn estat fort dissemblable de celuy de vos Ancestres, & en gloire & en authorité; peut-estre pource que vostre bas âge ne le permet pas, ou que la malice du temps l'empesche, cela ne doit rien diminuer de vostre courage; au contraire il faut le releuer & prendre de nouuelles forces pour vous rendre digne des mesmes emplois que vous deuez attendre de la reconnoissance de ceux pour la conseruation desquels vos peres ont respandu leur sang & donné leur vie. Leur exemple vous doit estre vn esperon pour vous auancer; & si vous faites reflection sur vostre estat present, ce ne doit estre qu'afin de faire la recherche des moyens qui peuuent l'ameliorer. Et pource que les eminentes conditions ont aussi bien la fragilité que l'esclat du verre, estudiez vous d'acquerir dans vostre ieunesse les lumieres & les forces qui sont necessaires pour resister aux secousses de la fortune. Vn Prince qui se laisse abatre par la rigueur du sort, deuient insupportable à soy-mesme, & à tous ceux qui ont affaire à luy : il ne gouste plus les plaisirs de la vie qu'à moitié; & la confusion s'empare si fort de son esprit, qu'elle ne luy laisse plus la liberté de songer aux moyens de se remettre : mais vn humeur calme se conserue tousiours le pouuoir d'escarter tout ce qui luy peut causer vne inquietude trop grande, & de ne s'arrester pas par trop aux charmes qui le peuuent endormir ; elle se sçait accommoder aux temps & se soûmettre par sa prudence tous les euenemens du destin qui n'auront iamais assez de force pour esbransler la fermeté d'vn courage qui se sçait posseder tout entier dans l'vne & l'autre fortune. Vn esprit de cette constiution, c'est vn rocher planté au milieu de l'Ocean qui est battu de la tempeste sans se briser, c'est vn arbre secoüé des tourbillons des vents sans estre deraciné : & de mesme que les croupes des plus hautes montagnes, sont plustost attaquées de l'orage, que les campagnes qui les enuirõnent; aussi les plus esclatantes conditions sont celles qu'on voit toutes les premieres exposées aux iniures d'vne Megere qui se nourrit dans l'inconstance & dans le changement; à la fureur de laquelle, Prince, vous ne sçauriez resister sans vous estre premierement acquis cette force d'esprit qui soûmet à l'homme ce qui se rencontre de bonheur & de malheur dans les affaires du monde. Bien qu'vn homme soit sensible au plaisir & à l'affliction, au bon & mauuais succez, il n'est pas pour cela criminel ; & la Philosophie mesme des Stoïciens, pour seure qu'elle fut, ne les a pas deliurez de ces mouuemens naturels; car on en voit de cette secte dans la vie des Philosophes que Diogenes Laertius a descrite, qui ont pasli lors qu'ils se sont veus exposez à vn manifeste danger. Vn Capitaine qui craint le danger du combat auquel il se va commettre, ne laisse pas d'estre genereux; aussi ne demanday-ie pas, Prince, que vous vous rendiez vne statuë de fonte ou de marbre, qui est insensible aux iniures du temps: Ie ne veux pas que vous ayez son insensibilité, mais ie souhaitte que vous vous acquerriez sa fermeté, qui vous esleue au dessus de toutes les atteintes de la fortune, & qui vous mette dans vne constitution à ne point craindre tout ce que le destin a de seuere, ny à vous laisser abandonner à tout ce qu'il peut auoir de charmes. De cette façon, quel train que prennent vos affaires, vous vous conseruerez vn calme d'esprit qui vous mettra tousiours en estat de pouuoir faire le choix d'vn bon General d'armée, lors que quelque pressante necessité vous mettra les armes à la main.

Quel doit estre vn General d'armée.

CHAPITRE XXV.

PRINCE, le sang, la naissance, & l'esclat d'vne eminente condition, font fort souuent errer dans l'eslection d'vn Chef qu'on destine pour dominer sur toute vne armée. Les factions l'emportent presque tousiours sur la vertu, qui se trouue obligée, comme dans la plusspart des autres rencontres, à ceder aux intrigues des testes ambitieuses, qni n'enuisagent les interests de l'Estat que par reflection à leur propre vtilité. La guerre est vn orage & vne tempeste qui s'esleue dans vn Estat, qui le secouë & qui l'esbranle quelquefois iusques dans ses fondemens; c'est vne maladie qui l'agite de mille symptomes. Si vn Pilote expert est à souhaitter, lors qu'vn Vaisseau se trouue exposé à la fureur des vagues d'vne mer irritée; & si l'on s'empresse de faire recherche d'vn sage Medecin, lors qu'on ſe voit attaqué d'vne incommodité dangereuſe, n'eſt-il pas expedient qu'vn Prince ne neglige rien pour trouuer vn bon General de ſes trouppes, qui les conduiſe par tout auec ſuccez & auec auantage? Oüy, Prince, il eſt important que quand la neceſſité vous obligera de choiſir vn homme pour l'eſleuer à ce haut rang d'honneur, vous ne faſſiez point conſideration, ny ſur ſa naiſſance, ny meſme ſur le rang qu'il tient dans l'Eſtat, à moins que ſa vertu le luy ait acquis; mais ſeulement ſur ſon propre merite, qui doit eſtre le ſeul motif de voſtre eſlection, laquelle ſe doit touſiours terminer à vn ſeul, & non pas à pluſieurs, à l'exemple des Romains qui n'ont iamais mieux reüſſi dans leurs entrepriſes, que quand la conduite de leurs trouppes a eſté toute renfermée dans la teſte d'vn ſeul Dictateur, pource que la multitude des Chefs apporte ordinairement de la diuiſion dans les conſeils, & de la confuſion ſur le poinct de l'execution d'vne haute entrepriſe. L'experience nous a fait ſouuent voir que les armées de France & celles d'Italie, ont trouué leur perte dans l'authorité de pluſieurs Chefs, & qu'elles ont eſchoüé pour estre trop commandées. Il est constant que le Grand Gustaue, Roy des Suedois, n'eust iamais porté ses conquestes si auant dans les Allemagnes, bien que sa vertu fut secondée de la generosité Françoise, si tous les Princes eussent conuenu dans l'election d'vn Chef qui les defendit, pour auoir voulu tous faire les maistres. Il y en a encore aujourd'huy qui souffrent de la diminution dans leurs forces, & de la flestrissure dans leur authorité. Tite-Liue raconte dans son Histoire, que le Senat de Rome ayant choisi Quintius, & Agrippa pour commmander l'armée, la sage conduite de ce dernier l'obligea à mettre entre les mains du premier l'entiere disposition de la guerre, iugeant que c'est vne des plus salutaires maximes, que l'on puisse tenir dans les armées de cõmettre l'authorité toute entiere à vn seul, qui doit estre extrememét prudét & fort rusé pour s'acquiter auec succez du deuoir de sa charge. Ce sont là les deux qualitez, Prince, que i'exige d'vn Chef d'armée: Ie veux qu'il soit prudét; pour pouuoir penetrer iusques dãs le Conseil des ennemis, affin d'y faire naistre la cõfusion pour cõnoistre leurs deliberations, affin de les rédre inutiles; pour préuoir leurs desseins, affin de s'y opposer auec vigueur, & pour ne laisser rien eschapper à sa connoissance de ce qu'ils peuuent entreprendre. Epaminondas qui a esté vn des plus grands Capitaines qui fut de son temps dans la Gréce, a esté de ce sentiment, qu'on ne sçauroit soupçonner d'erreur, venant d'vn homme si sage & si excellent. La prudence d'vn Chef luy inspirera les lumieres qui sont necessaires pour reconnoistre l'assiette du païs, & l'aduantage ou desauantage du campement de son armée, qui est vne chose des plus necessaires pour le bon succez d'vne guerre: elle soûmettra l'esprit de tous ses soldats à sa conduite, à laquelle ils obeïront aueuglement la croyant sage & raisonnable: elle estouffera les mouuemens des seditieux dés leur commencement, soit par la crainte du chastiment, soit par les belles esperances qu'il leur donnera: elle les animera au combat par les apparences de la victoire & par les recompenses qu'il promettra à leurs fatigues: enfin elle vnira tant de differentes humeurs & si opposées des soldats qui composent vne armée pour concourir vnaniment au salut de la patrie & à la gloire du Prince qu'ils seruent. Tous ces effets glorieux naistront de la prudence d'vn General d'armée qui ne doit pas estre moins rusé que prudent. Ce n'est pas, Prince, que par ma maxime ie veüille authoriser la tromperie qui est indigne d'vn homme d'honneur: mais quand ie demande d'vn Chef qu'il soit rusé, i'entends qu'il sçache estudier les artifices des ennemis, & en former de si subtils, qu'ils ne puissent pas estre reconnus de ceux qu'il a dessein de combattre. Les ruses dont on se sert dans la guerre, ne doiuent point estre appellées des tromperies; & si quelque esprit critique s'oppiniastre à leur vouloir donner ce nom, ie soustiens qu'elles sont sans crime, fort vtiles & entierement necessaires dans vn exercice, où les ruses ont vn plus grand effet que la force. Hannibal passe sans contredit dans le sentiment de tous les excellens Capitaines pour vn des plus braues qui ayent iamais esté: mais à bien examiner sa conduite, nous trouuerons que son adresse à sçauoir ioüer ses ennemis, luy a autant serui à ses plus esclatãtes actions, que la grandeur de son courage. Quãd il voulut renfermer les troupes Romaines sur le Lac de Peruse, il feignit de vouloir prendre la fuite; & pour s'eschapper des mains de Fabius qui le pressoit de trop pres, il mit le feu aux cornes du bestial qu'il menoit pour le soustien de son armée: l'aduouë que la tromperie qui porte vn homme à violer la foy qu'il a donnée & à rompre l'accord qu'il a fait, est à condamner; & que quand mesme elle l'esleueroit sur vn throsne, qu'elle ne luy acquerra pourtant iamais ny de l'estime, ny de la gloire aupres des personnes qui aiment l'honneur. Vn homme qui aura fait trancher la teste à son Roy, & qui aura soüillé ses mains parricides dans le sang de son Souuerain, pour monter au supresme degré de l'Empire, ne merite pas d'estre regardé dans son esclat, ny dans la magnificence de sa condition, qu'il ne possede que par vn crime qui deuroit attirer toutes les puissances sur luy pour abbatre son orgueil & prendre vengeance de sa temerité sacrilege: mais les ruses dont ie parle, sont celles qu'on exerce contre vn ennemy iuré de l'Estat qu'on se soûmet souuent pour estre plus fin que luy. Pontius, Chef des Samnites voulant vaincre les Romains, se campa au derriere des Alpes, & enuoya plusieurs de ses soldats en habits de Pasteurs auec du bestail, dans les pleines circonuoisines ; lesquels estant pris des Romains & interrogez où estoit Pontius, ils repartirent par l'adresse de ce Capitaine rusé, qu'il estoit occupé au siege de Nocere, lesquels adioustant foy à la parole de ces Pasteurs supposez, s'enfermerent eux-mesmes dans des endroits où Pontius eut tout le loisir du monde de les combattre, & mesme de les deffaire, s'il eut sceu bien vser de l'auantage qu'il auoit sur son ennemy. Ces exemples, Prince, & mille autres que ie pourrois alleguer, sont suffisantes pour confirmer ma maxime qu'vn General d'armée doit estre rusé. Il est vray qu'il faut extremement prendre garde à vne chose ; que si vous auez mal traitté quelque grand homme dans vostre Estat, qu'il ne faut iamais luy commettre l'administration des affaires militaires, pource qu'il y a tousiours beaucoup de danger qu'il ne les manie pas auec fidelité, par ressentimēt de l'injure qu'il aura receuë. Claude Neron ternit beaucoup sa reputation dans Rome ou on parle fort desauantageusement de son peu de conduite, pource qu'il n'auoit pas sceu vaincre Asdrubat en Espagne dās vne rencontre qui luy estoit fort auantageuse. Du depuis ayant esté fait Consul, & enuoyé par le Senat contre Hannibal, il exposa à vn danger presque euident la liberté Romaine par vn pur ressentiment qui luy restoit du blasme qu'il auoit receu par le peuple Romain, lors qu'il commandoit l'armée dans les Espagnes: mais quand vous aurez fait le choix, Prince, d'vn bon General, ne limitez iamais sa commission, pour les raisons que vous allez voir au Chapitre suiuant.

Qu'vn Prince ne doit donner vne pleine authorité à vn General d'Armée.

CHAPITRE XXVI.

PRINCE, il n'est rien au monde qui affermisse tant vn homme qui aime l'honneur dans vostre seruice, que quand vous luy tesmoignerez d'auoir vne confidence fort particuliere en sa vertu; ny rien qui puisse tant esbranler sa fidelité, que de luy faire

faire paroistre quelque deffiance, laquelle luy deuient autant insupportable, que ses sentimens sont purs & portez pour vos interests. Vne vertu genereuse qui se voit secondée de l'approbation de son Prince, ose tout entreprendre; mais dés lors qu'elle se voit soupçonnée, elle deuient languissante, à moins qu'elle employe ses forces pour aller contre son Maistre, de qui elle se croit mortellement lesée: Oüy, Prince, vn grand homme qui vous sera fidelle se souciera fort peu des auantages que vos ennemis luy offriront pour l'attirer à leur party: il ne se laissera point abandonner ny à l'esclat des charges, ny à la lueur de l'or ou de l'argent, ny à la magnificence de tous les presens qu'on pourroit luy presenter; mais vne seule apparence de soupçon que vous tesmoignerez auoir de sa fidelité, est suffisante pour ruiner tous les bons sentimens qu'il a conceus pour vostre seruice. En effet vne vertu qui est pure se croit soüillée, quand elle se voit soupçonnée; & pource qu'vn homme d'honneur ne peut souffrir qu'on imprime quelque tache à sa reputation, pour legere qu'elle puisse estre, il trahira plustost les interests de son Mai-

M

ſtre, que de conſentir que ſon honneur ſoit intereſſé. Ceux qui ſont vrayement vertueux agiſſent pour l'amour de la vertu meſme; & quand vous trouuerez, Prince, de cette ſorte de perſonnes dans voſtre Eſtat, à quelque employ que vous les deſtiniez, laiſſez les agir dans vne pleine liberté, principalement lors que vous eſleuerez quelque grand homme à la charge de General de vos armées. Quand il y a des raiſons preſſantes qui ne vous permettent pas de les commander vous meſme, donnez luy pleine authorité d'agir comme il le trouuera à propos. Sa vertu vous eſtant connuë, vous deuez vous promettre qu'elle demeurera touſiours ferme & conſtante pour voſtre ſeruice, & que l'authorité que vous luy donnez tournera à voſtre aduantage. Rome s'eſt touſiours fort bien trouuée d'auoir vſé de cette maxime; & le Senat ne s'eſt iamais reſerué d'autre authorité dans toutes ſes entrepriſes, que de determiner de la guerre qu'il vouloit faire & de confirmer la paix, laiſſant pour tout le reſte vn ample pouuoir, ou au Dictateur, ou au Conſul qu'il eliſoit, d'agir comme il le trouueroit à propos. Vn Chef d'armée qui entreprend vne guerre auec des commissions limitées, s'en va les bras & les mains liées; le temps qu'il luy faut pour informer son maistre de l'estat de ses trouppes luy fait souuent perdre les occasions de la victoire, qui ne se rencontrent pas facilement. Dans les dernieres guerres de Hollande, contre le pouuoir tyrannique d'Angleterre, on a bien veu que le succez des armes luy auroit esté sans doute tres-auantageux, si son Admiral auoit eu vn peu plus de liberté. L'Espagne qui se pique en toutes choses d'vne grauité insupportable, a souuent senty dans le païs bas, combien il est perilleux de restraindre l'authorité des Chefs de ses armées. N'est-ce pas vne erreur insupportable, qu'il faille aller de Flandres à la Cour de Madrid, pour obtenir la permission de donner bataille? Les Generaux d'armées, ou ils sont sages & capables d'exercer leurs charges, ou ils ne le sont pas; s'ils le sont, il leur est iniurieux qu'il faille mendier vne permission pour combattre, laquelle ils n'obtiennent pas mesme souuent, pource que ceux qui composent le Conseil du Prince, n'ont pas l'experience de la guerre, ou pource qu'ils ne sçauroient estre informez parfaitement des raisons qu'il y a de combattre, veu qu'ils ne sont pas presens dans le camp; & s'ils ne le sont pas, c'est manquer d'vn bon ordre dans l'Estat, qui ne subsiste dans vn temps de guerre, que par la sage conduite des Generaux d'armées, dont on doit faire l'eslection tousiours auec beaucoup de circonspection, sans considerer ny le sang, ny la naissance; mais il la faut fonder sur la vertu, sur l'experience, & sur le merite de celuy que vous destinez à cet employ, qui est vn des plus considerables de l'Estat. Vn grand Capitaine qui se voit en estat de combattre auec aduantage l'ennemy, sans s'oser donner cette authorité, laquelle son Souuerain s'est reseruée, venant à en perdre l'occasion, sa vigueur s'affoiblit, son courage s'esmousse, son ardeur s'esteint, & il neglige de se mettre dans la recherche de quelqu'autre rencontre aussi fauorable, pource qu'il se propose que tout son trauail & toute sa peine, luy seront inutiles : les soldats mesme qui composent son armée, se rebutent d'vn exercice qui leur donne beaucoup de fatigue sans aucun fruit, & ils aimeroient cent fois mieux combattre bien à propos auec vn ſuccez deſauantageux, que de perdre les occaſions qui les flattent du ſuccez de la victoire. Quand ie conſidere vn Chef reduit à cette extremité de ne pouuoir pas donner bataille dans vne occaſion qu'il iuge fauorable, & qui luy eſchappe, il me ſemble de voir Tantalle dans les eaux iuſques aux levres. Quel regret ne conçoit-il pas, dequoy la gloire d'vne victoire luy eſt oſtée, pour n'auoir pas l'authorité de combattre? luy qui eſt poſé ſur la teſte de toute vne armée, n'en peut pas diſpoſer? luy qui eſt le maiſtre de ſes trouppes, n'oſe pas les commander? C'eſt pour lors qu'il ſe perſuade que ſon maiſtre n'a pas vne entiere confiance en luy, qu'il ſoupçonne ou ſa fidelité, ou ſa conduite, ou ſa valeur. C'eſt dans cette rencontre qu'il déchoit de l'amour qu'il a touſiours euë pour ſon ſeruice, & il ſe rend comme inſenſible à tout ce qui le touche, par cette ſeule raiſon, qu'il n'a pas vne pleine authorité dans ſa charge. A cette maxime i'en veux faire ſuiure vne autre qui n'eſt pas de moindre importance. C'eſt, Prince, qu'il faut bien prendre garde à ne vous mõſtrer pas trop ſeuere dans la punition que vous ferez des fautes que peuuent auoir commis vos Generaux dans les emplois de leurs charges, pource qu'vn chastiment trop rude qu'vn Chef d'armée apprehende, luy oste la liberté du raisonnement, pour bien reüssir dans les armes, & l'occupe dauantage à préuoir les moyens de l'esuiter, que de faire reflection sur ceux qui luy sont necessaires pour bien combattre. Tite-Liue nous represente fort bien dans son Histoire l'œconomie des Romains en cette rencontre: leurs Capitaines ont souuent manqué dans les fonctions de la guerre, les vns par ignorance, & les autres par malice; mais ils ont fort bien sceu excuser les fautes des premiers, & ont fort legerement puni celles des derniers. Veron ayant esté defait à Cannes par Hannibal, plustost par imprudence que par malice, bien que la liberté de Rome se vit comme esbranslée par la perte de cette bataille qui releua tant le courage de Carthage, neantmoins cet inforuné Capitaine s'en retournant à Rome, fut rencontré de tout le Senat, qui luy alla au deuant pour le feliciter, non pas du bonheur de la bataille qu'il auoit perduë, mais dequoy il tesmoignoit par sa retraitte de n'auoir pas abandonné les interests du peuple Romain. Lors que Sergius & Virginius furent enuoyez au siege de Veios, ils partagerent ensemble l'authorité de l'armée; & s'estant logez chascun dans son quartier, Sergius se voyant assailli par les ennemis, aima mieux souffrir de se voir defait, que de mandier le secours de son collegue; & Virginius qui souhaittoit qu'il s'humilia à luy, souffrit plustost que sa patrie fut des honorée par la ruine de l'armée de Sergius, que d'aller le secourir. Bien que les fautes de ces deux Capitaines, fussent commises par vne pure malice, le Senat pourtant n'en prit point d'autre punition que de les condamner à vne amande pecuniaire. Ce n'est pas, Prince, que ce corps illustre composé de tant de testes si sages, ne connut bien qu'ils estoient dignes d'vn chastiment plus seuere, & mesme qu'ils meritoient la mort; mais il iugea deuoir vser de cette moderation, pour les raisons que i'ay alleguées, lesquelles ont eu tant d'effet sur Rome, que le Pere de Fabius voulant s'opposer aux poursuites que le Dictateur Papirius faisoit contre luy, duquel il demandoit la mort, pour auoir donné bataille contre son ordre, il n'en allegua point d'autre, sinon que le Senat n'auoit iamais vsé d'vne punition si seuere, mesme dans toutes les defaites que leurs Chefs auoient souffert, & qu'il n'estoit point dans la bien-seance que son fils qui estoit retourné victorieux du combat s'y vit exposé. Cette pleine authorité que vous donnerez à vn General d'armée vous soulagera dans le deuoir qui vous oblige à veiller tousiours pour la conseruation de vostre Estat.

Qu'vn Prince doit tousiours veiller pour la conseruation de son Estat.

CHAPITRE XXVII.

PRINCE, vn Estat est vn corps dont vous faites la plus illustre portion, pource que vous en estes le Chef qui doit donner le mouement à toutes ses actions. Tous les sens resident dans la teste, d'où les nerfs qui sont les instrumens du mouuement, prennent leur origine, afin qu'elle imprime aux autres parties les motions qui sont necessaires pour la conseruation du tout. Vous estes à vn peuple ce que le Soleil est au monde. Si les mineraux se forment dans les entrailles de la terre; si les plantes germent, si elles poussent des feüilles, & si elles produisent des fruicts, ce n'est que par les influences qu'elles reçoiuent des causes superieures, & principalement de ce bel astre du iour dont les defaillances font gemir toute la nature. Le mouuement continuel des Cieux qui fait la conseruation de tout ce qu'il y a dans le monde inferieur, vous aduertit du deuoir d'vn bon Prince, qui doit tousiours estre dans l'action pour proteger son peuple qui tombe dans vne horrible langueur, lors qu'il est negligé de celuy qui est commis du Ciel pour estre son Protecteur. Ces formes assistantes que les Philosophes donnent aux corps celestes, lesquelles ne se fatiguent point à rouler continuellement sur nos testes, ces vastes machines pour conseruer la nature dans sa perfection, sont la veritable image d'vn Souuerain qui ne doit iamais se lasser dans la recherche qu'il doit faire des moyens les plus conuenables pour entretenir ses sujets dans le repos & dans la tranquilité. Cette

Eſpée, Prince, dont vous vous armez, & qui eſt le plus bel ornement de tous ceux dont vous pourriez vous parer, eſt myſterieuſe, elle vous aduertit d'vn double office que vous deuez exercer dans voſtre Eſtat: vous deuez y paroiſtre en maiſtre Souuerain, pour y faire fleurir la Iuſtice, y publier vos loix, & y faire garder inuiolablement tous vos ordres: vous vous y deuez auſſi monſtrer comme vn bon Paſteur, ſous la conduite duquel le Ciel a commis vne nation entiere, pour la conſeruation de laquelle vous deuez touſiours veiller. Si le deſtin vous a mis entre les mains vn pouuoir Souuerain ſur tout vn peuple; ſçachez, Prince, que c'eſt pour le faire eſclatter autant par les ſoins que vous deuez prẽdre à le bien proteger, que par les commandemens & par les loix que vous auez droict de luy impoſer. L'authorité que vous receuez d'en haut n'eſt pas ſemblable à celle qu'vn Comite des Galeres a ſur des criminels; elle eſt rapportante à celle qu'vn pere a ſur ſes enfans, laquelle ne luy donne pas ſeulement le droict de les commander, mais qui l'oblige à les aimer & à les proteger par tout. Si la qualité de pere eſt relatiue, celle de Prince l'eſt auſſi ; & ſi le droict qu'il a ſur ſes enfans ſe trouue meſlé de tendreſſe & d'affection, celuy qu'vn Prince a ſur ſes ſujets eſt de la meſme nature. Si ie vous ay enſeigné, Prince, dans le 11. Chapitre de vous faire aimer de voſtre peuple, c'eſt ſans preiudice de l'amour que vous luy deuez, lequel vous ne ſçauriez ſeparer du pouuoir que Dieu vous a donné ſur luy, ſans que voſtre authorité paſſe pour tyrannique, qui eſt le dernier de tous les malheurs d'vn Souuerain; car il n'eſt point de peuple ſi docile, qui n'entre dans vne rage & dans vne furie capable de renuerſer vn Eſtat, lors qu'il ſe voit dominé par vn Prince qui ne ſe laiſſe pas toucher à ſes intereſts. Bien que le commun peuple ſoit vne groſſe beſte, qu'on ne doit point apprehender pour manquer de conduite à tout ce qu'il entreprend, il y a pourtant parmy le nombre de ceux qui portent la qualité de ſujets, des eſprits fort delicats & ambitieux, leſquels voyans qu'vn Prince manque au deuoir qu'il a de le proteger, ſont autant de boutefeux pour allumer la guerre aux quatre coins d'vn Eſtat, leſquels ſe voyant ruinez au dedans par le mauuais ſuccez des armes qu'ils ont fait leuer contre leur maistre, se iettent au dehors dans le party ennemy pour le trauerser auec plus de seureté. Mais quelque orage, Prince, qui se puisse leuer contre le pays qui vous est tombé en partage, repoussez-le auec vigueur, & faites tous vos efforts pour le conseruer dans son lustre & dans son esclat : l'amour de la patrie est vn deuoir qui enueloppe à la verité aussi bien les sujets que le Souuerain ; mais comme le Prince a le pouuoir en main, il se doit monstrer le plus zelé pour sa defence, fut-ce au preiudice de sa gloire particuliere. Les Consuls ont esté à Rome ce que les Roys y estoient auant qu'ils en fussent chassez ; & nous lisons dans Tite-Liue que ceux qui auoiét le commandement de l'armée Romaine, lors que les Samnites la tenoient renfermée de tous les costez, voyant que ce peuple ialoux de l'esclat de Rome, les vouloient obliger d'y retourner desarmez, s'y soûmirét aueuglement pour les interests de leur patrie ; & afin de ne pas ruiner leur armée de laquelle dépendoit le salut de toute la Republique, ils creurent qu'il valoit mieux la conseruer par leur propre deshonneur, que de l'exposer à la rage de ses ennemis en mourant glorieusement dans le combat. Si François I. semble auoir fait quelque chose contre les loix fondamentales de l'Estat de France, lors qu'il estoit captif en Espagne, il a en suite iustifié sa sage conduite, & a fait voir qu'il estoit capable de se soûmettre aux conditions les plus ignominieuses pour reuenir gouuerner ses sujets & son Estat, dont la conseruation luy estoit plus chere que sa gloire particuliere: comme c'estoit vn grand homme bien instruit dans toutes les sciences, il n'ignoroit pas qu'il n'est rien au monde que les François souffrent auec tant de peine, que quand on dit de leur Roy, qu'vne telle condition luy est ignominieuse, pource que l'estime qu'ils ont de l'esclat de son throsne leur fait croire qu'il ne sçauroit estre terni par quelque desauantage qu'il puisse souffrir dans vne mauuaise fortune. En effet, comme vn Prince n'est pas vne personne particuliere, tout ce qu'il fait en faueur de son Estat, luy doit estre imputé à gloire; & tous les sages Politiques aduoüeront qu'il est bien plus glorieux à vn Souuerain de pouruoir à la seureté de son Estat, auec ignominie, que de le ruiner par vn excez de courage, ou par vne vaine ostentation de son pouuoir. Le Soleil ne diminuë rien de sa beauté ny de son lustre, bien que pour la conseruation de la nature il se voye obligé de respandre son esclatante lumiere aussi bien sur vne infame cloaque, ou sur vn fumier puant, que sur les plus beaux parterres qui soient au monde : de mesme vn Prince ne ternit point l'esclat de son throsne, quand la necessité l'engage à faire quelque bassesse pour le soustien de son Estat ; & il vaut mieux qu'il viue auec quelque desauantage de sa gloire particuliere, que non pas qu'il meure dans le combat, comme vn grand Heros, lors que la felicité de ses peuples s'y trouue engagée. Vn Prince n'est pas né pour luy seul, il est autant à ses sujets qu'à soy-mesme, dont l'amour qu'il leur doit le rendra tousiours vaillant à ce qui est de leurs interests & pour la conseruation de son Estat : ce qui fait le dernier & l'vn des principaux deuoirs d'vn bon Prince.

FIN.

2
3
4

www.ingramcontent.com/pod-product-compliance
Ingram Content Group UK Ltd.
Pitfield, Milton Keynes, MK11 3LW, UK
UKHW020214250726
13967UKWH00003B/1462